AF383662

HUGUES LE ROUX

LE BILAN DU DIVORCE

PARIS

CALMANN LÉVY, ÉDITEUR

3, RUE AUBER, 3

1900

LE

BILAN DU DIVORCE

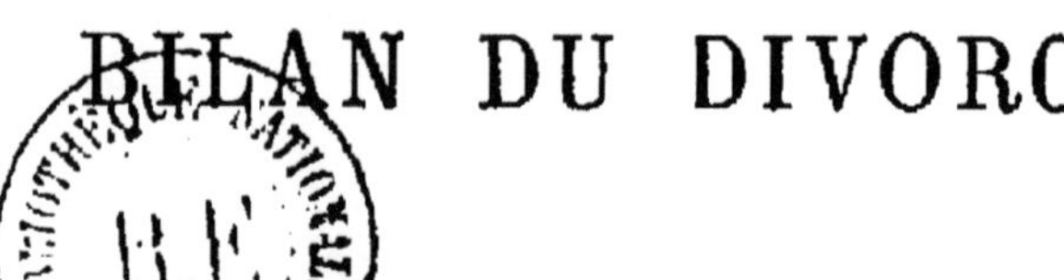

CALMANN LÉVY, ÉDITEUR

DU MÊME AUTEUR

Format grand in-18.

Droits de traduction et de reproduction réservés pour tous les pays,
y compris la Suède, la Norvège et la Hollande.

IMPRIMERIE CHAIX, RUE BERGÈRE, 20, PARIS. — 20354-9-99. — (Encre Lorilleux).

HUGUES LE ROUX

LE

ILAN DU DIVORCE

PARIS

CALMANN LÉVY, ÉDITEUR

3, RUE AUBER, 3

1900

A

MAITRE HENRI COULON

A l'auteur du Divorce et de la Séparation de corps.

SON AMI

H. L. R.

PRÉFACE

Mon cher ami,

Les hommes de bonne foi et de libre discussion finissent toujours par s'entendre.

Vous êtes un adversaire du divorce, je suis un de ses partisans; nous avons, l'un et l'autre, discuté et apprécié les raisons pour et contre; et, en dernière analyse, nous arrivons, chacun de notre côté, à la conclusion que je préconise comme la seule possible.

Si bien, que partis de points diamétralement opposés, et semblant devoir nous éloigner l'un de l'autre, la résultante de nos efforts est la même.

N'est-ce pas la démonstration logique de la nécessité d'une réforme et d'une réforme dans le sens que vous indiquez ?

C'est, à mon avis, le plus bel éloge que l'on puisse faire de votre si intéressante étude « le Bilan du Divorce »; et la plus belle récompense que vous puissiez obtenir est le rétablissement, par voie législative, de ce *divorce par consentement mutuel* que nous réclamons tous les deux comme la meilleure solution aux unions malheureuses.

Me permettez-vous, à la tête de ce livre, de vous indiquer d'une manière un peu complète, mes idées générales sur le divorce? Oui, incontestablement, car vous aimez la discussion, vous ne craignez pas, et pour cause, la contradiction d'où jaillit la lumière.

Le divorce, voyez-vous, — et sur ce point, je suis d'accord avec vous, — n'est qu'un remède à un état morbide.

Lorsque vous avez eu la fièvre dans vos voyages, dans vos courageuses chevauchées sahariennes, vous dévoriez de la quinine et vous saviez le déplorable effet que ce remède devait produire sur votre estomac. Appelez le divorce, la quinine du mariage. Vous aurez compris ma pensée, si vous y ajoutez qu'il ne m'est point démontré que le divorce soit un mal plus grand que la vie en commun d'êtres qui se haïssent.

Le divorce n'est pas un bien, c'est un remède. Il serait préférable que les mariages fussent parfaits. Que le mari et la femme s'aimassent toujours comme au premier jour. Que l'un et l'autre ne fussent jamais que d'accord. Qu'ils adorassent leurs enfants, l'un et l'autre, et autant les uns que les autres.

Enfin, il vaudrait mieux que l'humanité fût sans vices et sans défauts.

Mais... car il y a toujours un mais, à tout, ici-bas; il n'en va pas ainsi !

Alors, on a inventé, après l'union, la désunion. Comme le disait Voltaire : « Le divorce est né en même temps que le mariage. »

Écrions-nous, si vous voulez : « Triste humanité! » mais ne rendons pas le divorce responsable de tout ce qui arrive de mal dans le mariage, comme on semble vouloir le faire maintenant. Il y avait autant de mauvais ménages avant le divorce, en France, qu'il y en a aujourd'hui, je le démontrerai un jour et c'est l'hypocrisie humaine que l'on veut prendre à l'heure actuelle pour une vérité.

« Nous avons, écrivait Montesquieu, pensé attacher plus ferme, le nœud de nos mariages pour avoir osté tout moyen de les dissoudre; mais d'autant s'est desprins et relasché le nœud de la volonté et de l'affection que celui de la contrainte s'est estrécy, et, au rebours, ce qui tint les mariages à Rome, si longtemps en honneur et sûreté, feut la liberté de les rompre qui voudrait; ils gardaient mieulx leurs femmes d'autant qu'ils les pouvaient perdre; et, en pleine licence de divorces, il se passa cinq cents ans et plus, avant que nul s'en servist.

« *Quod licet ingratum est ; quod non licet acrias urit.* »

Alexandre Dumas fils résume ainsi l'histoire du divorce:

« Le divorce a été reconnu par Moïse, consenti par Jésus, accepté par la première Église chrétienne, conservé par l'Église catholique, tantôt sous son vrai nom, tantôt sous un autre, rétabli légalement par Luther dans les pays protestants; par la Révolution française dans la France devenue libre.

» Il a été aboli par la Restauration dans notre pays, redevenu politiquement catholique. Redemandé par la Révolution de 1830, qui avait de nouveau supprimé la religion d'État, repoussé par la Chambre des pairs restée catholique, réclamé de nouveau par la Révolution de 1848, refusé par l'Empire ou plutôt par l'Empereur, puisque l'Empire ne faisait que ce que l'Empereur voulait et que celui-ci, dont le fils devait être le filleul du Pape, avait pris, nécessairement, lorsqu'il était prétendant, des engagements formels avec l'Église. Enfin il a été rétabli en 1884 par la République, mue par la nécessité de consolider le mariage ébranlé. »

On dit que le divorce est une attaque à la sainteté du mariage, qu'il amène le renversement de la famille et la perte de la société.

Eh bien, ce n'est pas vrai.

Ne nous traitez pas trop de vicieux, de corrupteurs, d'athées, quand nous essayons d'étayer le mariage français, et, par des concessions devenues de toute nécessité, de le rendre à la fois, plus solide et plus habitable, surtout pour les femmes, les véritables martyres de l'état actuel des choses, soit qu'on les épouse, soit qu'on ne les épouse pas.

Le divorce rend le mariage plus digne, plus fécond, plus souple, se prêtant mieux aux mouvements des sociétés nouvelles et aux besoins de l'esprit moderne. Moins tyrannique, moins claquemuré, le mariage devient non seulement plus moral par l'équitable répartition des droits et des devoirs réciproques des époux, mais plus abordable, plus attrayant, plus compréhensible, pour ceux qui ne voulaient plus y entrer parce qu'ils le considéraient, à tort ou à raison, comme une prison éternelle.

Grâce à lui, ils ont la chance de pouvoir en sortir s'ils y sont trop malheureux, ou si, décidément, malgré leurs efforts, ils ne peuvent y rester.

Ils le trouvent enfin compatible avec les conditions humaines, et c'est bien juste, puisque, après tout, nous sommes des hommes et que nous habitons la terre et non le ciel.

On ne sortira pas de ce dilemme :

Ou cette espèce de papillonne qui pousse les hommes et les femmes à se prendre et à se quitter — malgré les lois qui le leur défendent — est le résultat fatal, et sans inconvénient, des erreurs impossibles à éviter dans le mariage — et alors pourquoi donner des inconvénients graves à ce qui n'en aurait pas sans les entraves qu'on y apporte ?

Ou bien, cette papillonne est un mal

auquel il est urgent de remédier. Et alors, il est nécessaire de le laisser s'étaler librement; car c'est seulement, lorsqu'on connaîtra l'étendue du mal, qu'on comprendra la nécessité d'y porter remède et qu'on trouvera dans l'opinion publique, agissant sur l'homme, comme elle agit de nos jours sur la femme, le seul remède possible et efficace. Ainsi s'exprime Naquet et il a raison.

Le mariage, même indissoluble, n'est pas un lien pour ceux qui veulent le rompre et dont les mœurs sont déréglées. La liberté absolue n'est pas un obstacle à la fidélité et à la constance; bien plus, à notre avis, la liberté est une cause de constance; grâce à elle, les époux sont obligés de veiller sur leur conduite, et il résulte de la crainte de l'abandon, une foule de concessions et de prévenances réciproques qui peuvent rétablir l'harmonie dans les ménages les plus troublés.

Il ne faut, d'ailleurs, pas attacher à la loi une puissance qu'elle n'a pas. Ce qui oblige les époux à vivre ensemble, ce ne sont pas les principes écrits dans le Code, c'est leur amour réciproque ou, tout au moins, ce sont l'estime et l'amitié, nées de la cohabitation, qui fait apparaître les défauts, mais aussi les qualités; — ce sont les difficultés de la vie matérielle, la situation occupée dans la société, et aussi, et par-dessus tout, l'amour pour les enfants auquel on est disposé à faire les plus grands sacrifices. Par le divorce, aucun de ces éléments si puissants à maintenir la vie conjugale ne disparaît, bien au contraire, il les consolide, il les fortifie.

Le divorce est une institution conforme aux principes de la liberté individuelle qui devraient former la base de notre droit public, qui sont sensés le faire, et sur lesquels nous ne saurons jamais trop insister, estimant qu'ils sont nécessaires à la vie de la société moderne.

L'indissolubilité du mariage est la négation de la liberté individuelle, elle rentre dans ces contrats personnels, aujourd'hui heureusement disparus, qui permettaient l'esclavage et les vœux éternels.

On ne pourrait la maintenir, tellement elle semble exorbitante et contraire aux principes fondamentaux de nos civilisations modernes, que si un intérêt social d'un ordre supérieur était en jeu. Il n'en est rien.

La famille, et, par suite, l'ordre social, trouvent au contraire dans sa suppression des garanties qui leur manquaient.

Pour nous en convaincre, nous n'avons qu'à nous rappeler que le divorce, après avoir existé de longues années en France, y est rétabli depuis quinze ans, sans que ni la famille, ni l'ordre social en aient souffert. Pour nous confirmer dans notre opinion, jetons un regard autour de nous et nous nous apercevrons que tous les pays où le divorce a droit de cité — et ce sont les plus nombreux — présentent, au point de vue social et au point de vue familial, les symptômes les plus rassurants. Le divorce n'a donc point pour effet de détruire la famille, et la famille est absolument intéressée à sa présence dans nos lois.

Dans votre livre si documenté, vous avez relevé avec un soin jaloux tout ce que l'on peut dire sur le divorce.

Laissez-moi vous indiquer que l'on pourrait à chaque ligne remplacer le mot « divorce » par les mots « séparation de corps »; ce qui revient à dire que tous les griefs

ccumulés contre le divorce, le sont égale-
ent contre les séparations de corps.

Pour être logique, il faudrait proscrire
'un et l'autre moyen de dissoudre le ma-
iage. C'est la thèse de l'absolu. Elle a été
outenue brillamment par des moralistes,
ar des philosophes, tels que Proudhon; mais
âtons-nous d'ajouter que jamais personne
n'a songé à l'appliquer dans aucune législation, depuis que le monde existe, et que
l'église elle-même, le véritable champion de
l'indissolubilité, a toujours admis au moins
la séparation de corps et un régime extrêmement large de causes, de nullités de mariage.

La question ne peut donc pas se poser
sur ce terrain, et l'on revient fatalement à
la proposition suivante :

Quel est le régime préférable, du divorce
ou de la séparation de corps?

Je réponds, sans hésitation, le divorce et

la séparation de corps, à cause de mon grand désir de liberté ; j'ajoute cependant que, si l'un des deux devait disparaître, ce serait incontestablement la séparation de corps et voici pourquoi :

Je vous ai déjà indiqué que la séparation de corps avait tous les inconvénients du divorce : je vais maintenant vous montrer qu'elle en a d'autres.

Voici comme s'exprime M. de Marcère, dans son rapport sur le rétablissement du divorce :

« La séparation de corps, c'est le dérèglement de la vie ou le célibat forcé, c'est-à-dire un état contraire, soit aux lois sociales, soit à la nature humaine. Que si, cédant à des impulsions presque irrésistibles, les époux créent, chacun de leur côté, des liaisons, non reconnues par les lois et condamnées par les mœurs, quelles sources de douleurs

secrètes ! Quelles amertumes, à côté des con-
solations que des âmes, trop faibles pour
faire le sacrifice de leur être et s'immoler
sur l'autel d'une fidélité héroïque, auront
recherchées ! Que s'ils demeurent dans l'isolement, quel désert pour eux que la vie ;
quelle sécheresse pour des cœurs obligés de
refouler les sentiments et les besoins les plus
impérieux ; quelle situation pénible, pour la
femme surtout, qui souffre également et de
la malignité publique et de la compassion
qu'on ne lui épargne guère ! »

Cette liberté même que la loi avare leur
offre, est menteuse. Ces époux se surveillent,
se poursuivent de leur haine. Ni dignité, ni
sécurité pour l'un et pour l'autre. La loi
prétend les maintenir dans un état honorable et la société les repousse.

Le divorce, lui, les replace dans un état
acceptable, puisque la loi consacre les liens

nouveaux qu'ils pourront former. Il substitue la réalité au mensonge, et, en rendant les époux à eux-mêmes, il leur permet de regagner la considération du monde par l'usage qu'ils feront de leur liberté reconquise. La séparation au contraire les maintient dans l'impossibilité d'une réhabilitation ou dans l'inexorable situation d'un malheur immérité et sans fin. « Le divorce, a dit madame de Staël, laisse la possibilité de trouver le bonheur dans le devoir. »

Maintenant occupons-nous des enfants.

Le sort des enfants est aussi malheureux depuis le divorce qu'il l'était avant : il n'est pas pire, et je ne sais s'il n'est pas meilleur. Le public appréciera.

Examinons d'abord la situation légale. « Un jour, une femme et moi, nous venons dire à la loi : « Nous voulons, madame et moi, monsieur et moi, faire une association publique et privée, passer un contrat d'union, nous permettant de porter le même nom, d'avoir des intérêts communs, de recourir à toi, lorsque notre association légale sera en péril, du fait d'un étranger ou du fait de l'un de nous deux ; quels sont les devoirs que tu exiges de nous, en échange des droits que nous te demandons volontairement ?

« La loi répond :

» Je puis vous unir et vous protéger aux conditions suivantes :

» Toi, homme, tu devras assistance et protection à cette femme.

» Toi, femme, tu devras soumission et obéissance à cet homme.

» Vous vous devez fidélité l'un à l'autre.

» Femme tu seras forcée d'habiter sous le même toit que ton mari.

» Homme, tu devras pourvoir aux be-

soins de cette femme, et la recevoir toujours sous ton toit.

» Consentez-vous à ces conditions ?

» Oui.

» Vous êtes unis. »

ALEXANDRE DUMAS FILS.

Des enfants qui peuvent résulter de cette
union, la loi ne dit pas un mot, à moins
que les enfants n'aient précédé le mariage et
que les époux ne veuillent les légitimer,
auquel cas elle déclare que, par le présent
acte, elle reconnaît comme légitimes les
enfants nés des œuvres des deux époux
antérieurement au mariage.

La loi n'a aucune sensibilité, ni dans le
décret ni dans l'exécution.

Elle n'a pas à se préoccuper des intérêts
moraux des enfants. Les enfants sont pour
elle, des citoyens comme les autres.

S'ils ont à réclamer, ils réclameront, et justice leur sera, ou non, rendue. Si les enfants résultent du mariage, certains articles de la loi, non énoncés dans le contrat matrimonial, régleront les droits de ces enfants comme conséquence dudit contrat.

Les législateurs laïques, quand ils donnent pour raison de l'indissolubilité du mariage l'intérêt des enfants, savent parfaitement que cette raison n'est pas de logique légale, puisque, dans aucun cas, la loi n'a préventivement souci de ceux qu'ils invoquent.

Dans ces observations si précieuses, qui se trouvent dans votre chapitre XIII « le divorce dans le peuple », M. Adolphe Guillot de l'Institut, pour lequel j'ai le plus profond respect et la plus grande admiration, nous a démontré que le cabaret et la promiscuité nocturne étaient les causes essentielles du malheur des ménages dans le peuple. Je suis entièrement de son avis, et cette promiscuité nocturne et ces cabarets existaient avant comme après le divorce. Rien n'est donc changé. Mais, ajoutez-vous, l'idée de divorce a été déterminante de la rupture des ménages ouvriers. Ici je m'insurge. On ne peut, sans parti pris, faire dater de 1884, vote de la loi du divorce, le désir de l'ouvrier de changer sa femme. S'il y a un milieu où le divorce n'a causé aucun trouble et n'a amené aucune perturbation, c'est incontestablement le milieu ouvrier. Bien avant 1884, M. Guillot lui-même en fournit l'indication, l'idée de liberté et de changement existait dans le peuple. Je ne serai démenti par aucun de ceux qui ont fréquenté les grandes villes et les centres laborieux, en affirmant que jamais la préoccupation du jugement qui devait rendre la liberté régulièrement à un homme ou à une femme, ne les a empêchés, l'un et l'autre, de se quitter s'ils avaient assez l'un de l'autre. Le sort des enfants était-il donc préférable alors, parce qu'il n'y avait pas un jugement prononçant la désunion et parce que l'un et l'autre avaient repris leur liberté sans jugement?

Le divorce, mon cher ami, n'a aucune influence sur le peuple, parce qu'il n'a, comme le mariage, hélas! d'intérêt que pour ceux qui possèdent et qui ont des droits à régler.

Dans la classe ouvrière, le sort des enfants était malheureux autrefois comme il l'est aujourd'hui; sauf le cas qui était inconnu avant la loi sur le divorce, où le mari ou la femme non coupable se reconstitue un foyer. Là les enfants sont plus heureux que dans les unions libres qui suivaient les séparations de fait du temps passé.

Chez les paysans, la question ne se pose pas. On ne divorce pas, on ne se sépare pas. Quand on est las l'un de l'autre on s'assassine, ou l'on continue de vivre ensemble en se détestant, pour le plus grand malheur des enfants auxquels on donne un détestable exemple. Et si l'on agit ainsi, c'est pour ne pas partager le peu qu'on a et dans l'espoir d'avoir la grosse part en survivant à son conjoint.

Parlons alors de la classe où le divorce a une importance parce que l'on a des intérêts d'argent à débattre.

Ici, on se séparait de corps autrefois. On ne vivait pas plus chastement pour cela après la séparation et l'enfant assis au foyer illégitime ne pouvait pas recevoir un bien bon exemple. Il est entendu qu'il y avait des exceptions pour confirmer la règle.

Aujourd'hui, on divorce; la situation de l'enfant est sensiblement la même qu'au temps de la séparation de corps, si les époux divorcés se contentent de se mal conduire. Mais elle n'est pas pire, et il est permis à ces époux qui ne pouvaient s'entendre de trouver des cœurs mieux faits pour les comprendre et de reconstituer une nouvelle famille, heureuse et honnête, au foyer de laquelle l'enfant sera mieux que ne pouvait l'être le plus favorisé des enfants dans le concubinat qui résulte presque fatalement de la séparation de corps.

Mais dira-t-on, ces nouvelles unions produiront des enfants. La jalousie, la marâtrie, la parâtrie, naîtront au sein de ces nouvelles familles? D'où graves inconvénients pour les enfants de la première union,

Détestable raison qui ne supporte pas l'examen.

Le concubinat d'êtres jeunes est aussi fécond que le mariage le plus légitime. Le sacrement ne rend pas prolifique. Aujourd'hui, grâce à la permission d'une union légitime, on a la possibilité d'une famille légitime, où les droits de chacun seront sauvegardés. Autrefois, le concubinat produisait une famille illégitime, sans droit en apparence, plus dangereuse et plus armée malgré la loi, pour ceux qui connaissent le cœur humain, si libre, si indiscipliné qu'aucun frein ne peut le retenir. Les enfants illégitimes en lutte avec les enfants légitimes, conflits d'affection, conflits d'intérêts, voilà ce que produisait l'ancien régime de la séparation de corps. Que l'on juge maintenant si j'avais raison de dire que sur ce point des enfants, on est comme sur les autres souverainement injuste en accusant le divorce d'avoir créé une situation dangereuse.

Le sort des enfants, en cas de divorce, est sensiblement approchant de leur sort dans le cas d'un second mariage après la mort d'un des époux et alors comme le dit Naquet : « 'a les secondes noces sont un mal absolu pour les enfants, et non content de proclamer l'indissolubilité du mariage, le législateur aurait dû, — comme le conseille le fondateur du positivisme, Auguste Comte, — décréter le veuvage perpétuel : ce décret, qui aurait imposé la solitude et la chasteté aux veufs, n'aurait certainement pas été vexatoire à un plus haut degré que celui qui les impose aux séparés de corps ; et les enfants de ces derniers ne sont pas moins intéressants que ceux des premiers.

» Ou bien, les secondes noces nous présen-

tent plus d'avantages que d'inconvénients ;
c'est l'opinion du législateur qui les a per-
mises en cas de dissolution du mariage par
la mort ; et alors pourquoi ne pas reconnaître que les mêmes avantages peuvent se
présenter lorsqu'il s'agit d'époux dont la
brutalité, la violence ou simplement l'incompatibilité de caractère ont rendu la vie commune impossible ?

» Il n'y a pas de moyen terme, si la loi veut
être logique, elle doit proclamer le divorce
ou décréter le veuvage perpétuel. »

Enfin, ainsi que le fait judicieusement
observer M. Léon Richer, on ne tient ordi-
nairement compte, lorsqu'on raisonne de
l'intérêt des enfants, que de ceux qui
étaient nés au moment de la séparation ;
on ne tient aucun compte des enfants à
naître.

L'indissolubilité du mariage et le régime

de la séparation de corps sacrifient absolument ces malheureux enfants, c'est donc la société qui, si le divorce n'existait pas, créerait au nom de ses prétendus principes moraux, toute une catégorie de bâtards maltraités par la loi, puisque ces enfants, nés après la séparation de corps, ne peuvent être qu'adultérins.

Voilà vraiment la morale publique et l'intérêt de toute une catégorie d'enfants singulièrement protégés ! Dans ce cas la loi outragerait la morale, et méconnaîtrait incontestablement l'intérêt des enfants.

Reste l'argument tiré du domaine de la religion.

Celui-là, à proprement parler, n'existe pas. Le divorce n'est pas obligatoire, et les catholiques dignes de ce nom sont absolument libres de n'en pas user. Ce n'est pas le divorce que l'Église catholique interdit,

en France ; c'est le remariage qui, selon
elle, constitue un adultère. L'Église n'a
d'ailleurs pas à se préoccuper de la rupture
d'un contrat civil qu'elle ne reconnaît pas.
Le mariage civil n'est rien pour elle. Les
époux ne sont véritablement unis que par
le sacrement qu'elle leur donne. Or, il n'y
a pas de tribunaux civils qui puissent
détruire ce que l'Église a fait dans cet
ordre d'idées.

Enfin, la séparation de corps étant main-
tenue, et possédant depuis la loi de 1893
tous les avantages qui peuvent résulter du
divorce, sauf la faculté de contracter une
nouvelle union, la conscience des catholiques doit être rassurée.

Je ne voudrais point ressusciter les vieilles
discussions, mais qu'il me soit permis de
rappeler, en passant, que l'Église catholique
n'a pas été de tout temps aussi intolérante

qu'aujourd'hui à l'égard du divorce ; que,
— notamment pendant toute la durée du
premier Empire, — les prêtres ont béni les
époux divorcés ; qu'ils les bénissent dans certain pays qui est près de nous, qui est bien
catholique, la Belgique, et aussi dans tous
les pays où les catholiques sont en minorité
et où le divorce est admis.

Les catholiques ayant ainsi satisfaction, il
faut reconnaître que, au contraire, le mariage indissoluble viole la liberté du juif et
du protestant, dont la religion admet le
divorce et la liberté du libre-penseur qui
n'a aucune religion.

Aussi, estimons-nous que l'objection tirée
du droit canonique contre le divorce ne
peut plus être soutenue, et que les vrais
éléments de discussion sont ceux dont
nous nous sommes déjà occupés, qui ont
trait à l'intérêt des mœurs en général,

b.

à l'intérêt de la femme, à l'intérêt des enfants.

Mais tout ceci discuté, il n'en reste pas moins, — comme vous le faites clairement apparaître dans votre travail, où vous montrez avec tant de verve les inconvénients du divorce, que cette institution demande au point de vue législatif de profondes modifications ; c'est là où nous nous rencontrons et où un accord pourra s'établir entre nous.

Ce n'est pas seulement le divorce qui a besoin d'être modifié ; c'est d'abord et avant tout le mariage moderne tel que nous le comprenons. Pour divorcer, il faut être marié, si l'on s'est bien marié, il y a beaucoup de chance pour qu'on ne soit pas obligé d'avoir recours au remède qui est le divorce.

Comme vous le dites si bien :

« Jamais on n'a mis dans le mariage,

moins d'amour, moins de raison, moins de tolérance, moins d'esprit chrétien de sacrifice. Jamais on n'y a accouplé tant d'appétits de jouissance, tant d'ignorances morales, et, sous couleur de culture de l'individu, tant de perversités égoïstes. » Voilà une phrase à laquelle il n'y a rien à changer et à laquelle je vous demande d'ajouter : Jamais le mariage n'a été autant une question d'argent. Je parle toujours dans les milieux où le divorce a une importance.

Comme l'a écrit M. André Weiss :

« Si les jeunes gens fuient le mariage pour se livrer à de faciles plaisirs, c'est parce que leur égoïsme s'effraie des devoirs et des responsabilités qu'il porte avec lui. Ce qu'il faut éveiller, ce qu'il faut développer en eux, en chacun d'eux, c'est précisément le sentiment de ces devoirs qui sont sa destinée et sa grandeur. »

C'est dans cet ordre d'idées qu'il faut chercher et l'on trouvera. C'est ce qui me pousse à préconiser une refonte de notre système du régime matrimonial, qui, je l'espère, amènera une diminution de l'importance de l'argent dans l'union des sexes. Je vous signale seulement, sans vouloir insister ici, ce que j'étudie et ce que je formulerai bientôt dans un projet de loi qui assurera plus de dignité à notre mariage moderne.

Mais je m'égare, revenons au divorce.

Ici la première réforme qui s'impose, celle sur laquelle doivent porter tous nos efforts actuels, est bien celle que vous préconisez, le *rétablissement du divorce par consentement mutuel*, entouré de toutes les garanties légales qu'un acte semblable impose.

Quand nous demandons le divorce par consentement mutuel, nous ne défendons

pas une loi qui permette aux époux de ne
voir dans le mariage qu'une union passagère,
qu'un lien légitime qu'ils peuvent rompre
à tout instant, pour en former un autre,
tout aussi légitime. Ce que nous voulons
simplement, c'est que la dignité, la liberté,
la conscience, la valeur morale, sociale,
réelle, effective de la personne humaine,
soient consacrées et respectées dans l'engagement du mariage, comme dans tous les
autres engagements; nous voulons que la loi
tienne compte dans ce contrat, de certaines
éventualités préjudiciables à l'une des deux
parties contractantes, quelquefois aux deux,
comme elle le fait dans tous les autres contrats; nous voulons que, dans ce commerce
supérieur, des âmes et des corps, des intelli-
gences et des sentiments, dont nous sommes
loin de nier la sainteté, quand on la rencontre, il y ait au moins les mêmes garanties

que dans le plus vulgaire commerce maté-
riel. Voilà ce que nous voulons.

Écoutez la justification du divorce de
consentement mutuel par un homme dont
personne ne contestera l'autorité et la
science.

Treilhard, lors de la discussion du Code
civil, s'exprima en ces termes :

« Citoyens législateurs, parmi les causes
déterminées de divorce, il en est quelques-
unes d'une telle gravité, qui peuvent entraîner de si funestes conséquences pour l'époux
défendeur (telles par exemple que les attentats à la vie), que des êtres, doués d'une
excessive délicatesse, préféreraient les tour-
ments les plus cruels, la mort même, au
malheur de faire éclater ces causes par des
plaintes judiciaires.

» Ne convenait-il pas, pour la sûreté des
époux, pour l'honneur des familles toujours

compromis — quoi qu'on puisse dire — dans ces fatales occasions, pour l'intérêt même de toute la société, de ne pas forcer une publicité non moins amère pour l'innocent que pour le coupable ?

» L'honnêteté publique n'empêcherait-elle pas une femme de traîner à l'échafaud son mari, quoique criminel ? Faudrait-il aussi toujours et nécessairement, pour terminer le supplice d'un mari infortuné, le contraindre à exposer au grand jour des torts qui l'ont blessé cruellement dans ses plus douces affections et dont la publicité le vouera cependant à la malignité publique ? L'injustice, sans doute est ici du côté du public ; mais se trouve-t-il beaucoup d'hommes assez forts, assez courageux pour la braver ? Est-on maître de détruire tout à coup le préjugé, et ne faut-il pas ménager un peu, l'empire de cette opinion, quelquefois injuste, j'en conviens, mais qui peut aussi, sur beaucoup de points, atteindre et flétrir, quand elle est bien dirigée, des vices qui échappent à la poursuite des lois? Si le divorce pouvait avoir lieu, dans des cas semblables, sans éclat et sans scandale, ce serait un bien, on serait forcé d'en convenir. »

Ces arguments sont sans réplique. Je suis plus hésitant je l'avoue, sur une proposition inspirée de la législation de 1792 qui a été présentée dans son premier projet par Naquet et que de bons esprits voudraient voir reprendre ; il s'agit du divorce provoqué par la volonté persistante d'un seul des époux.

Je craindrais qu'un semblable principe ne fût contraire à l'essence même du mariage, qui, formé par le consentement de deux personnes, ne me semble pas, — sauf les cas de violations du contrat, — pouvoir être dissous par la volonté d'un seul.

Cependant il y a bien à dire ici encore et j'avoue que le raisonnement si serré de M. Léon Richer dans son livre *Le Divorce* m'émeut et me trouble.

« Le devoir, dit-il, veut qu'un homme, qu'une femme, à qui répugnent les obligations conjugales, ne reste pas soumis honteusement aux servitudes (ce ne sont plus que des servitudes) qu'impose forcément la cohabitation. Et je parle en m'exprimant ainsi, non seulement au nom du devoir, mais encore au nom du devoir religieux.

» J'ajoute que je parle au nom de la pudeur.

» Pas plus, entendez-vous bien, que vous n'êtes tenu par bonté de cœur, d'épouser l'homme ou la femme qui vous aime, mais que vous n'aimez pas, je ne vous regarde comme obligés de rester la femme ou le mari de l'être que vous avez cessé d'aimer, que vous haïssez peut-être.

» L'amour seul enlève aux relations sensuelles le caractère de brutalité et de débauche, les moralise et les purifie.

» Dès qu'un homme se donne à une femme, ou une femme à un homme sans amour, avec un sentiment de répulsion, quand bien même ce serait par dévouement, il y a prostitution, dégradation. »

Et il ajoute :

« Si les obligations de la parenté sont grandes, ce que je ne nie pas, vous n'avez à vous préoccuper que d'une chose : la manière dont je les remplirai.

» Pourvu que je ne déserte pas la tâche qui m'incombe, le droit que je possède, et que vous ne pouvez me contester, de disposer de mes affections, de ma personne, reste entier. Il ne faut pas, sous prétexte du droit de l'enfant, annuler le droit du père, fouler aux pieds celui de la mère. Un droit en vaut un autre. Et si l'enfant est garanti, la société n'a rien à demander de plus. »

Éloquentes paroles, profondes pensées qui portent à réfléchir. Elles sont capables de nous déterminer prochainement à appuyer cette réforme. Toutefois il faut y songer lentement, et je ne crois pas d'ailleurs que le moment soit opportun pour la réclamer.

Pardon de cette préface trop longue.

Votre

HENRI COULON.

Planchu-Bas, 27 août 1899.

LE BILAN DU DIVORCE

1

MÉTHODE

Une enquête sur les destins que l'évolution sociale réserve aux filles de bourgeoisie, aboutit à rechercher les causes de ce qu'on nomme autour de nous : « la crise du mariage ».

Je me propose d'examiner dans ce petit livre si le divorce a quelque responsabilité dans ce refroidissement pour les « justes noces » qui semble une tendance fâcheuse de nos jeunes contemporains.

Au cours de causeries dont le mariage

faisait les frais, des personnes informées et qui réfléchissent m'ont plus d'une fois découvert cette inquiétude :

— Êtes-vous sûr que le divorce ne soit pas une des causes les plus sérieuses de la tiédeur que notre jeunesse professe à l'endroit du mariage ?

Je m'avisai que cette question me prenait au dépourvu. Je ripostai donc — c'est l'usage en pareil cas — par une interrogation. Elle demeura sans réponse satisfaisante. Mes interlocuteurs, gens de bonne foi, convinrent que nous étions sans renseignements précis sur les effets matériels de cette loi du divorce, qui pourtant fonctionne chez nous depuis pas mal d'années. J'en ai conclu que beaucoup d'honnêtes gens pourraient bien être aussi ignorants que nous et que, sur cette matière — comme sur d'autres, hélas ! — chacun avait dû se former une opinion, sans examen, avec les préjugés de sa foi, ou simplement ses goûts.

J'apporte ici le résultat tel quel des recherches auxquelles je me suis livré, pour sortir d'ignorance. Il ne s'agit pas d'étudier, dans ces pages, si la loi du divorce était opportune, si elle est morale ou immorale, ni de rouvrir un débat qui est fait pour passionner. Que le divorce nous séduise ou qu'il nous déplaise, il faut le traiter comme un fait, puisqu'il existe. Dans cette intention, je n'ai point écrit en tête de cette étude : « *Du divorce* », ce qui eût été singulièrement ambitieux, mais bien : « *Bilan du divorce* ». J'ai recherché quelle était la fréquence moyenne du divorce, s'il croissait d'une façon anormale ou s'il demeurait une exception. Je me suis demandé quels étaient ses motifs les plus fréquents, apparents ou réels. J'ai cherché à distinguer les milieux où le divorce se produisait le plus volontiers ; quelle influence exerçaient, sur sa fréquence, les origines de race, les cultures religieuses, la pratique des profes-

sions. J'ai tâché de déterminer, — non plus
d'après des conjectures, mais d'après des
faits observés sans passion, — quelles étaient
les conséquences du divorce au point de
vue de la vie ultérieure du mari, de la
femme, des enfants. Enfin, m'orientant
d'après ces renseignements, j'ai tenté, pour
conclure, d'indiquer quelles seront parmi
nous les formes de l'évolution du divorce,
ses transformations probables, ses chances
de durée.

Comme il s'agit de constater et non de
discuter, je demande la permission de
mettre de côté mon sentiment personnel.
Je ne dissimule pas, d'ailleurs, que le divorce
me déplaît, sans doute parce que j'ai été
élevé dans la religion catholique et parce
qu'il me semble une prime donnée à cette
légèreté de décision, à cette faiblesse irritable que je tiens pour une des marques les
plus certaines de notre mauvaise santé physique et intellectuelle. Je conçois fort bien

que d'aucuns aient là-dessus une autre vue que la mienne. Je leur demande, dans l'occasion, de faire table rase de leurs opinions préconçues, comme de mon fait je m'en dépouille. Si je m'avise que, loin de détourner nos contemporains du mariage, le divorce semble au contraire les y encourager par la facilité qu'il leur donne de sortir d'une erreur trop fâcheuse, je le dirai sans hésitation. Si la comparaison des statistiques et des renseignements recueillis me conduit à cette certitude que le divorce effraye beaucoup de familles françaises et qu'il a jeté sur le mariage une réelle défaveur, je l'affirmerai sans crainte d'être maltraité par ceux que cette conclusion désobligera. Nous ne voulons faire la cour à personne aux dépens de la Vérité.

II

QUELQUES CHIFFRES

Quand, après les orageuses discussions dont tout le monde a conservé le souvenir, le divorce fut enfin établi en 1884, beaucoup de gens qui l'avaient combattu s'étonnèrent de constater que, contrairement à leurs prévisions pessimistes, la face de la France n'en était point changée.

On avait dit :

— La famille sera disloquée !

Or, s'il est manifeste que les liens de tendresse conjugale, paternelle, filiale ne vont pas en se resserrant, et que l'autorité du chef de famille, — comme mari et comme père, — ne s'accroît pas à mesure que le siècle vieillit, on a universellement le sentiment que le divorce n'est pour rien dans cette évolution des mœurs. D'autre part, ceux qui circonscrivent leur observation aux milieux mondains ont vu si peu de personnes se servir de la licence accordée par la loi, qu'ils se sont un instant demandé si, en attaquant le divorce, ils ne s'étaient pas battus contre un moulin à vent.

On a changé de ton quand parurent les statistiques qui publiaient les résultats d'une première année d'exercice de la loi. On ne s'avisa pas que c'était la liquidation de plus de quatre-vingts ans de séparations de corps, sans compter les mauvaises humeurs plus récentes qui, sentant la réforme dans l'air, s'étaient réservées pour faire explosion le jour même de son triomphe. Il suffit, pour s'en convaincre, de jeter un coup d'œil sur la statistique. Dans son scrupule, elle indique les âges moyens et les âges extrêmes des divorcés. Elle a constaté que des époux ayant dépassé soixante-quinze ans demandaient que l'on transformât en divorce des séparations vieilles d'une quarantaine d'années. Des nonagénaires ont tenu à reprendre leurs noms de demoiselles, et leurs vieux maris ne s'y sont pas opposés.

Ces détestables Philémons auraient vainement tenté d'être une fois de plus désagréables à leurs antiques Baucis. Tous les époux que la loi de 1884 trouva séparés de corps depuis trois années ont eu la latitude, par une procédure spéciale et fort aisée, dite « de conversion », de transformer leur séparation en divorce. Beaucoup en ont usé; les totaux des statistiques en furent enflés d'autant.

Cette mesure conduisit même à découvrir — comment dire? — une innocente supercherie dont messieurs les avoués s'étaient rendus coupables, vis-à-vis d'un nombre assez considérable de « séparés » auxquels la loi les avait autrefois contraints de fournir gracieusement leur assistance.

On sait que l'assistance judiciaire est accordée à toute personne qui paye moins de quatre cents francs de loyer. C'était le cas d'une multitude d'époux, sortant des milieux populaires ou d'infime bourgeoisie ; n'ayant à débattre entre soi nulle question d'intérêt, puisque l'argent leur faisait défaut ; ils cherchaient seulement, dans la séparation de corps, l'autorisation d'habiter, en toute tranquillité, chacun chez soi, à l'abri l'un de l'autre. Il semblait à ces personnes naïves que cette permission leur était conférée à partir du moment où le magistrat devant lequel elles avaient paru pour la formalité de la conciliation leur avait déclaré :

— Je vous autorise à vivre chacun de votre côté, isolés.

Les avoués se gardaient bien de détromper

une si parfaite candeur. Ces messieurs ont une répugnance congénitale pour la procédure qui ne rapporte rien. Donc ils avaient imaginé de simplifier celle-là. Ils l'arrêtaient, par mesure d'intelligente économie, au moment de l'ordonnance.

Ils disaient à leurs clients d'occasion :

— Eh bien, c'est fini !... Retournez-vous-en chacun chez vous... Vous êtes séparés !...

Comme il n'y avait pas de questions d'intérêt à départager, il n'y avait pas de liquidation. Les assistés se tournaient le dos, ils se croyaient, de bonne foi, séparés.

Ils ne l'étaient point.

Ils persévérèrent dans leur ignorance jusqu'au jour où la loi de 1884 leur donna cette autorisation dont beaucoup d'entre eux se hâtèrent de profiter. Mais, ce jour-là, le péché de messieurs les avoués fut découvert. La loi exigeait que, pour obtenir la conversion en divorce, le séparé produisît un jugement de procédure. Il ouvrit la bouche très grande quand on le lui réclama :

— Quel jugement ?... Jamais on ne m'a fourni de jugement... On nous a dit : « Allez-vous-en chacun chez vous... »

— Mais alors, vous n'êtes pas séparés !

— Pas séparés ?...

Il fallut recommencer toutes les procédures comme si de rien n'était, et les avoués furent punis par où ils avaient péché.

Cette anecdote ne donne pas seulement satisfaction à l'instinct secret qui nous porte à souhaiter que les coupables soient, en toutes occasions, châtiés comme ils le méritent. Elle démontre que le meilleur moyen de simplifier la procédure serait de la payer moins cher. La justice sera merveilleusement prompte le jour où elle sera gratuite.

Tous les « assistés » qui demandent la séparation de corps ou le divorce, et qui chargent les statistiques dans une proportion de trois contre un, obtiennent bien plus facilement satisfaction du Tribunal que les personnes plus aisées qui ont le moyen de payer une procédure coûteuse. Avec ces petites gens, on se contente d'un rapport fourni par le commissaire de police et généralement inspiré par le concierge des parties :

— Le mari est ivrogne?... La femme est débauchée?... Parfaitement...

On a vu tel magistrat, ayant encore plusieurs affaires sur les bras et s'apercevant que six heures du soir approchaient, qui a fait entrer les témoins tous à la fois, et qui leur a dit:

— Supposons que je vous ai entendus... Voyons!... Vous, madame, vous reprochez à votre mari?... Vous, monsieur, vous reprochez à votre femme?... Parfaitement!... Parfaitement!... Parfaitement!...

Ainsi il conduisait son enquête lui-même, supposait les réponses comme il avait supposé les interrogatoires.

Les avoués des parties se désintéres-
saient...

Cette facilité est pour quelque chose dans
l'accroissement annuel des divorces (7 445
en 1891, — 7 487 en 1892, — 8 673 en
1894). On s'est redit dans le peuple que les
formalités étaient aisées, que la procédure
ne lambinait pas. Cela a tenté beaucoup de
gens.

Si les deux parties demandent l'assistance
judiciaire, l'affaire peut traîner un an, tout
au plus. Mais, dans la pratique, on y va
plus simplement. Le mari, contre qui le
divorce est demandé par la femme, fait
presque toujours défaut. Il n'y a pas de
question d'argent à trancher. Dès lors, à
quoi bon se créer des embarras ? On laisse
faire. Ainsi délestée, la procédure court la
poste. Un divorce d'assistance judiciaire avec
jugement par défaut peut être prononcé en
six mois, voire en trois. Quelle tentation
pour une pauvre femme que l'on assommait

de coups et dont on vendait périodiquement les meubles !

Il faut faire la part de ces facilités dans l'accroissement constant du divorce en France. Mais la preuve qu'elles n'expliquent pas tout, c'est que les moyennes de la séparation de corps continuent, elles aussi, de monter, parallèlement au divorce. Elles s'accroissent avec une régularité qui nous oblige de chercher aux mauvais mariages, à la volonté que les époux affirment d'en sortir, d'autres raisons que les commodités offertes par la loi de 1884.

En précisant ces motifs de leurs querelles, nos contemporains nous fourniront un renseignement intéressant sur leurs âmes.

III

LES CAUSES DU DIVORCE

— Les vrais motifs du divorce ?... me
répond un avocat qui a bien contribué
à faire divorcer un millier d'époux mal
assortis — (cela ne fait tout de même que
cinq cents hommes et autant de femmes).
Les vrais motifs du divorce ?... Si vous
interrogez la loi, elle vous répondra : « Ce
sont les excès, les sévices, les injures graves
et l'adultère. » Et, pour obéir à la loi, les
statistiques propagent ces affirmations. Elles
sont mensongères. Le vrai, le constant

motif du divorce n'est pas écrit dans la loi : *c'est l'incompatibilité d'humeur*. Les époux divorcent *à cause des défauts de caractère qui les rendent insupportables l'un à l'autre*. Considérez cette proposition comme un axiome.

Je n'ai pas voulu m'en tenir à une seule affirmation. J'ai fait le tour de mes « conseils ». Ces gens d'expérience ont tous approuvé du bonnet. Puis ils sont entrés dans des explications professionnelles dont il est bon que les simples laïques soient informés.

Les causes du divorce sont de deux espèces : il y a les *facultatives* et les *péremptoires*.

On comprend aisément ce que ces mots veulent dire. *L'adultère du mari* ou de la femme, la *condamnation* de l'un des deux époux *à une peine infamante* sont des *preuves péremptoires*, c'est-à-dire qu'il suffit d'établir l'exactitude du fait pour que la partie, lésée par l'infidélité ou par l'indignité de son conjoint, obtienne le divorce.

Au contraire, les *excès*, les *sévices* et les *injures graves* sont des *causes facultatives*, c'est-à-dire qu'elles ne confèrent pas par elles-mêmes à l'époux lésé le droit de reprendre sa liberté totale. La décision en est laissée à l'appréciation des magistrats.

Tout le monde sait — ou à peu près — ce que l'on entend par l'adultère. Je parle de *l'adultère légal*; nous aurons l'occasion de le décrire. On est moins renseigné sur la *peine infamante*. On ignore, par exemple, que, seule, la condamnation en Cour d'assises pour crime aussi grave que le meurtre, le faux ou le vol qualifié entraîne le divorce de droit. Le vol simple n'est pas une cause de divorce. Une femme peut dérober ce qui lui plaît dans un grand magasin et se faire condamner, sans que le mari ait le droit de la rendre à sa famille. Il en va de même de l'abus de confiance et — ce qui me semble plus grave — de l'outrage à la pudeur et de l'excitation de mineures à vous savez quoi.

Pour que ce dernier péché — essentielle-
ment masculin — devienne « une *injure
grave* », il faut qu' « il soit répété ». Tout
cela d'ailleurs est livré à l'appréciation du
Tribunal, auquel il n'est pas défendu d'être
complaisant. Il n'y a pas bien longtemps,
nous avons vu condamner à trois ans de
prison un banquier parisien qui avait trouvé
moyen de tourner la loi sur le chef des
remplois dotaux. Sa femme, estimant que
cette peine était infamante, voulut changer
de nom. Elle demanda le divorce.

On le lui refusa.

En effet le mari ne voulait pas divorcer
et le Tribunal tourna de ce côté toutes ses
indulgences. Ne vous ai-je pas dit que ce
mari était « très parisien » ?

Grâce à Dieu, le motif de la peine infamante est le plus rarement invoqué de tous,
par les amateurs de divorce. Il n'en va pas
de même des excès, des sévices et de l'injure
grave. Ce sont là des mots qu'il faut définir

d'après les auteurs. Ils n'ont pas au Tribunal la même valeur que dans les romans et dans le monde.

C'est ainsi que nous nous servons très facilement du mot « *excès* » pour indiquer un léger abus. Notre docteur nous dit, en nous quittant :

— Surtout pas d'excès de table...

Et c'est une occasion de sourire.

Avec la loi de 1792, le mot « excès » a tout simplement remplacé le mot de « crime ». Dans la langue spéciale du Tribunal, l'excès indique l'attentat de l'un des époux à la vie de l'autre. Demolombe définit ainsi les excès :

« Des actes qui dépassent toute mesure, ou, plus précisément, des attentats qui compromettent la vie de celui qui en est victime. »

On voit par là que dans la pensée de la Loi, le mot « excès » déguise le crime. Pour emprunter un exemple à l'actualité, s'il venait à être démontré demain que madame X... a réellement tenté d'empoisonner son mari, celui-ci aurait les plus grandes chances du monde d'obtenir le divorce. Je dis « grandes chances », et non pas « certitude ». Car le législateur, que nous aurons tant d'occasions de critiquer, a fait ici une réserve qui semble noble et généreuse :

— « Les circonstances, dit-il, qui ont précédé l'attentat peuvent, dans la plus large part, en atténuer la gravité. »

Il admet que la tentative d'assassinat ne soit pas une cause péremptoire de divorce, car, derrière cet égarement, on peut encore supposer l'amour et ses reprises.

L'excès enferme le meurtre. Le *sévice* « est un acte de violence qui ne met pas en danger la vie du conjoint ».

Treilhard précise :

« Il ne s'agit pas de simples mouvements de vivacité, de quelques paroles dures, échappées dans des moments d'humeur ou de mécontentement, de quelques refus, même déplacés, de la part de l'un des époux, — mais de mauvais traitements personnels, c'est-à-dire d'*actes de cruauté*, de voies de fait qui ne sont pourtant pas de nature à mettre en péril la vie du conjoint. »

On me permettra d'être discret sur l'article.

On nous a raconté dernièrement la macabre histoire d'une femme qui, pour punir son mari d'actes répétés d'ivrognerie, a imaginé de le gonfler avec un soufflet par des procédés qui auraient indigné l'honnête Diafoirus. Le mari, enflé comme une outre, a failli mourir de péritonite. J'ignore s'il s'est corrigé de son ivrognerie ou s'il a demandé le divorce, mais je suis sûr que nous sommes là en face d'un cas de sévice grave exercé par la femme sur son mari.

Dans la plupart des occasions, c'est le mari qui exerce sur sa femme des sévices graves. Dans l'ombre de la vie conjugale, la femme est, au pouvoir du mari, chose livrée. Il fallait pourtant la protéger dans sa santé et dans son corps : c'est l'affaire des sévices. Un jugement a déclaré que le fait pour un mari de bousculer la défense des médecins et de poursuivre l'exercice de ses droits, en dépit de la maladie, ou simplement de la douleur, est un sévice grave. Mais toutes ces misères font partie des secrets que l'on a de la répugnance à étaler. L'excès est rare ; le sévice est presque toujours déguisé ; c'est dans l'injure que l'on se réfugie.

On a dit :

« Les injures sont, au moral, ce que sont au physique les sévices ou les excès. »

Cette définition juste est insuffisante, et les auteurs discutent :

— Une *injure*, disent-ils, c'est toute expression outrageante, tout terme de mépris qui ne renferme l'imputation d'aucun fait. A fortiori y a-t-il injure quand il y a diffamation.

Cette définition, pour ainsi dire classique,

s'élargit singulièrement en matière de divorce. Elle devient si vague, qu'elle permet aux époux désireux de se tourner le dos de recourir au Tribunal, quels que soient leurs motifs de discorde.

En ce sens, on a pu dire sans exagération :

— Verbale ou réelle, l'injure est un vaste réservoir où viennent se réunir toutes les causes de divorce, non prévues par le législateur.

Je vous prie de vous reporter à l'axiome par lequel ce chapitre débute :

« Les époux divorcent à cause des défauts de caractère qui les rendent insupportables l'un à l'autre. C'est l'incompatibilité d'humeur, déguisée sous le passe-partout de l'injure grave, qui est la cliente attitrée du divorce. »

Si, d'autre part, vous voulez bien vous souvenir que l'injure — même grave — est un motif, non point « péremptoire », mais « facultatif » du divorce, vous serez mieux préparés à apprécier par vous-mêmes les faits que je soumets à votre libre jugement.

Côté des plaidants :

Un homme du monde, très connu, vient trouver un avocat de ses amis :

— Mon cher, il faut que tu me rendes un service... Je veux divorcer.

— Diable ! Tu as donné des coups à ta femme ?

— Tu n'y penses pas !

— Alors, vous vous êtes dit des injures ?

— Nous sommes des gens bien élevés !...

— Ah !... ah !... Alors... comment dire ?... Tu as des soupçons que ta femme...

Le mari qui veut divorcer prend un air menaçant :

— Je ne suis pas en humeur de plaisanter !...

L'avocat fait le geste qui signifie :

« Je donne ma langue au chat. »

On lui répond :

— Voici : ma femme et moi, nous ne pouvons plus nous supporter...

— Mais ça, mon bon, c'est de l'incompatibilité d'humeur!... Et le Tribunal ne veut pas en entendre parler !...

— Arrange-toi !

— Il y a un moyen...

— J'en étais sûr !... Lequel ?

— Laisse-moi ma liberté... Au lieu de plaider pour toi, je plaiderai pour ta femme, — contre toi. Nous sommes de vieux camarades, n'est-ce pas ?... Je sais comment tu vis ?... Nous n'aurons pas de peine à faire comprendre au Tribunal que tu as imposé à ta femme toutes sortes d'injures graves...

Le divorce a été prononcé, et si le chassé-croisé, exécuté par un avocat, homme d'esprit, est un fait en somme exceptionnel, tous ses confrères savent rédiger le scénario qu'on intitule « injures graves ».

Cela s'appelle « organiser une procédure ».

Voyons maintenant le côté du Tribunal.

Puisque la loi donne aux magistrats le droit d'apprécier à leur fantaisie la valeur des motifs injurieux, ils auraient tort de ne point se distraire aux dépens de leurs contemporains, quand l'occasion leur en est offerte.

Voici par exemple une jeune femme : depuis six mois qu'elle est mariée, elle a refusé à son mari — sous des prétextes divers — l'usage de ses droits. Il s'est dépité, cet homme ! Il a pris la clef des champs, et — ô changeante humeur des femmes ! — la récalcitrante est désolée.

Elle fait faire à la barre, par son avocat, « des offres réelles » :

— Nous sommes disposée, messieurs...

Comment ne pas approfondir une telle affaire ? Comment retenir, contre une femme si repentante, le chef d'injure grave ?

Mais si une charbonnière se plaint de ce que son mari lui a donné des coups de bâton, on lui refuse le divorce.

Et, si elle demande pourquoi, on lui répond :

— Parce que ça se fait dans votre monde...

D'autre part, on accorde le divorce à une femme que son mari a traitée de « rosse » devant ses enfants et ses domestiques. On le refuse à un mari à qui une femme a écrit : « Sganarelle » à la craie, dans le dos, sur son paletot, un soir qu'il allait jouer une manille à son café. On affirme qu'un mari n'a pas commis d'injure grave envers sa femme s'il a écrit à de « vieux amis » :

« J'ai affecté de l'aimer parce que je convoitais sa fortune et pour payer mes dettes. »

Au contraire, on est révolté par ce propos d'alcôve d'un mari peu galant, marié sous le régime de la séparation de biens :

— Madame, si vous vouliez me laisser toucher les loyers, mon humeur serait toute différente...

Y aurait-il deux poids et deux mesures?

Nous savons tous que les magistrats français sont incorruptibles. Malheureusement, il n'est pas aussi démontré qu'ils soient définitivement détachés des soucis de leur avancement et des petits profits de la galanterie.

— Eh bien! est-ce qu'on ne s'embrasse pas? disait naguère, à une cliente charmante, un président de Chambre à la Cour. Il avait promis d'être très gravement touché d'une injure très légère.

Tirons un voile sur ces faiblesses du juge et contentons-nous de constater sans plus de colère :

Le divorce français est une comédie que le magistrat dénoue à son bon plaisir.

IV

L'ADULTÈRE

On l'a vu, après la condamnation de l'un des époux, à une peine infamante, l'adultère du mari ou de la femme est la seule cause *péremptoire* du divorce.

Voici, à ce sujet, quelques-uns des chiffres que nous fournit la statistique :

Adultère du mari :

En 1891 : 469

En 1892 : 569

En 1894 : 641.

Adultère de la femme :

En 1891 :   994
En 1892 : 1 090
En 1894 : 1 083,

La lecture de ces chiffres provoque tout d'abord ces réflexions :

On est surpris de voir que l'adultère, cause péremptoire du divorce, est si rarement invoqué par les époux et que, — lorsque le total moyen des divorces prononcés pour excès, sévices ou injures graves est de *six mille cinq cents* par année, — celui des divorces prononcés pour cause d'adultère soit bien juste de *seize cents*. Évidemment, ces chiffres ne représentent pas le nombre réel des ruptures de mariage dont l'infidélité conjugale est la cause. Les époux en litige ont répugnance ou difficulté à invoquer l'adultère légalement constaté comme cause péremptoire du divorce.

Ils ont une répugnance :

Il suffit d'avoir lu nos auteurs comiques, de Molière à Labiche, pour se convaincre qu'en France, le mari trompé a toujours fait rire son voisin à ses dépens. Or, nous sommes dans le pays où le ridicule tue. J'entends dans cette « classe du milieu » que l'on appelait autrefois bourgeoisie et qui incarne l'idéal légal, l'âme du droit dans notre race. Tout en haut, et tout en bas, il semble que ce sentiment de ridicule s'affaiblisse. En bas, parce qu'on ignore le droit et que l'on a un penchant à vivre selon les inclinations de la liberté naturelle. En haut, parce que l'amour est presque toujours exclu des combinaisons du mariage et que l'on trouve logique, quand les convenances sont satisfaites, de rendre son indépendance à l'égoïsme.

— Monsieur, disait naguère à un gentilhomme de bonne maison une mère de famille, très bourgeoise, qui a eu le tort de devenir la belle-mère d'un comte authentique, monsieur, quelle conduite affichez-vous donc vis-à-vis de ma fille ? Vous-même vous lui avez présenté l'homme qui lui fait la cour et à qui vous semblez déléguer vos privilèges de mari!... Savez-vous, monsieur, que l'on n'a pas le droit de tenter une femme?... Certes, j'ai foi dans la vertu de ma fille. Voilà au moins trois générations que nous connaissons notre histoire : elle se souviendra que, depuis trois générations, pas une de ses grand'mères n'a failli !

— Moi, madame, répondit le gendre, depuis beaucoup plus longtemps que vous, je suis au courant des faits et gestes de mes grand'mères. Je n'ai qu'à lire l'histoire pour connaître les noms de leurs amants. Chacun, n'est-ce pas, a les habitudes de son milieu? Vos scrupules peuvent être honorables dans le vôtre ; dans le mien, ils sont déplacés : c'est une affaire d'éducation.

Cette commode théorie est en train de

séduire des esprits notoirement bourgeois.
En effet, ceci est un des effets les plus certains que le divorce ait apportés dans nos
mœurs : il a diminué de beaucoup, pour
tous les maris, le ridicule qu'il y avait « à
en tenir ». L'infidélité d'une femme dont on
peut se débarrasser par voie légale n'a guère
plus d'importance que l'infidélité d'une maîtresse. On se vengeait de l'infidélité d'une
maîtresse en la plantant là. Notre race est
persuadée que, dans toute union durable
entre un seul homme et une seule femme,
le profit est pour la femme et non pas pour
l'homme. C'est donc la femme qui apparaît
comme châtiée, au moins comme dupée,
quand l'homme s'en va. Mari ou amant, il
n'a pas le rôle ridicule; il a l'emploi, —
plus satisfaisant pour son amour-propre, —
du lésé qui se venge.

Cet état d'esprit, tout nouveau en France,
explique que le nombre des maris qui, bra-
vant l'antique préjugé du ridicule, n'hésitent

pas à faire constater officiellement l'adultère de leurs femmes, soit plus nombreux que le nombre des femmes qui appellent le commissaire de police pour avoir un témoin assermenté des outrages d'infidélité qu'on leur fait subir.

Car ces chiffres de la statistique officielle ne peuvent tromper personne, — excepté quelques étrangers, hostiles à tout ce qui est français et qui, sur la foi des romanciers et à la suggestion de leur inimitié congénitale pour nous, feignent de croire qu'en France, à la fin du XIXe siècle, le nombre des femmes qui trompent leurs maris est vraiment supérieur au nombre des maris qui font une écumoire de leur contrat.

La vérité, c'est qu'en dépit des complaisances de la loi moderne et des mauvais conseils du clan féministe, la femme française est disposée à fermer les yeux sur les écarts de son mari, par abnégation chrétienne, voire par sage raison. Elle sent profondément que la faute matérielle d'infidélité n'entraîne pas nécessairement pour l'homme le péché contre la tendresse. Si quelque chose varie d'un pays à l'autre, d'une race à l'autre, d'un climat à l'autre, c'est bien la forme et l'intensité du désir. La femme du Nord, qui est obligée de relancer l'homme, de l'arracher à la société de l'homme, à l'abus des liqueurs fortes, peut-être de stimuler son désir refroidi pour assurer la perpétuité de la race, est dans son droit, quand elle surveille avec jalousie les écarts épisodiques du désir masculin. La femme latine, et particulièrement la femme française, qui sait le goût que l'homme a pour elle, qui est sûre de s'attacher un mari par des qualités individuelles, veut ignorer le reste. Certaine des préférences du cœur, elle ne se préoccupe pas des défaillances de l'instinct.

— Du moment que l'infidélité du mari est pratiquée *convenablement*, me disait un avocat du divorce, la femme n'en prend pas un vain ombrage...

« Convenablement » est un mot de comédie. Substituez-lui tel autre que vous voudrez, un mot par où vous indiquerez que, au moment de sa défaillance, l'homme se méprise un peu, qu'il veut de l'ombre sur sa faiblesse : vous aurez donné les raisons d'une tolérance qui, loin d'être une humiliation pour la femme française, apparaît, au contraire, comme une marque de sa sagesse et de sa haute éducation sociale.

Le seul cas où cette femme si raisonnable perd patience, c'est lorsque l'adultère du mari vient à porter atteinte à la situation des enfants, ou simplement à compromettre la fortune. Il peut arriver encore que la jalousie s'en mêle. On le sait, une disposition de la loi, que nous discuterons plus tard, empêche le coupable d'épouser sa complice. Dans ces conditions, nombre de femmes qui, par égard pour leurs enfants ou dans la

douleur de perdre un nom auquel elles tenaient, auraient hésité à demander le divorce,
font constater officiellement l'adultère de
leur mari, afin de le mettre dans l'impossibilité de se refaire un bonheur dans un
nouveau mariage avec une rivale préférée.

Il est bien remarquable que, sur ce chef,
l'attitude du mari soit toute différente.
D'abord, quand il a à se plaindre, les questions d'argent ne comptent pas pour lui,
surtout s'il a quelque nouvel amour en tête.

— Donnez-lui tout ce qu'elle voudra, mais
rendez-moi la liberté !

Il est nécessaire que les avocats et les
avoués se gendarment pour faire comprendre à leur client que l'on n'est pas toute la
vie excédé ou amoureux, et qu'il faut défendre pied à pied ses intérêts.

Ensuite, le mari répugne à faire constater
officiellement l'adultère de sa femme, tout
justement dans la crainte de rendre impossible le mariage avec le complice. S'il a

encore quelque reste de pitié — cela se voit ·
— pour celle qui l'a tant fait souffrir, il ne
veut pas ajouter de la honte à la honte
qu'elle s'est attirée elle-même. Il se préoccupe de ce qu'elle deviendra dans l'avenir.
Il souhaite qu'elle trouve un protecteur.

Au contraire, s'il déteste sa femme, s'il
la tient pour un être insociable, il est enchanté de mettre l'homme qui la courtisait
dans la nécessité morale d'épouser une furie.
D'avance, il se frotte les mains à la pensée
que la lune de miel des nouveaux époux ne
tardera pas à roussir. Leur désunion est
sa justification aux yeux du monde, sa re-
vanche de mari trompé.

Ce sentiment est parfois si fort qu'il aboutit à des effets décidément comiques.

On est en train de plaider sur l'aventure
d'un mari qui avait obtenu le divorce contre
sa femme. Il s'était bien gardé de faire constater l'adultère, pour ne point fournir au
complice un prétexte d'éviter « son devoir ».

Malgré cette magnanimité, l'amoureux, mis au pied du mariage, faisait des difficultés pour entrer dans un contrat. Le mari divorcé a spontanément offert à son ancienne femme une somme importante pour la redoter, en quelque sorte, à la condition toutefois qu'elle déciderait son ami au mariage.

— Ainsi, disait ce philosophe, je serai tout à fait débarrassé d'elle. Elle ne pourra plus se parer frauduleusement de mon nom... J'échapperai à ses demandes d'argent... Enfin, j'aurai la satisfaction de voir un chien enfermé avec une chatte dans une petite cage...

Tels sont les motifs qui empêchent les époux de recourir à la constatation officielle de l'adultère pour obtenir le divorce.

En dehors de ces raisons qui leur sont personnelles, d'autres tiennent aux conditions mêmes exigées par le législateur pour que l'adultère soit une cause péremptoire de divorce.

En effet, au point de vue civil, la diffi-

culté de la preuve exigée par la loi est très·
grande. D'abord les coupables prennent leurs
précautions, et leur défiance est accrue par
la conscience du péril auquel ils s'exposent.
Ensuite, la constatation elle-même est malaisée. Il faut que l'époux qui se croit outragé
adresse sa plainte au procureur de la République. On exige de lui la quasi preuve de
ses griefs. S'il est possible, afin d'éviter les
erreurs sur la personne — lesquelles ne sont
vraiment gaies qu'au Palais-Royal, — il doit
fournir les photographies des deux complices.
Le procureur envoie ce dossier au commissaire de police. Celui-ci se livre à une petite
enquête. Plus ou moins secrètement, il inter-
roge des concierges, des domestiques. Il met
ses limiers sur la piste. S'il lui semble que
les faits sont exacts, il renvoie au procureur
le dossier grossi de ses observations. C'est
la troisième étape. Il y en a une quatrième
et une cinquième : le renvoi du dossier au
juge d'instruction, enfin à l'époux outragé.

Il est rare — qui s'en étonnera ? — qu'une indiscrétion ne se produise pas autour d'un secret connu de tant de personnes. Une dernière raison pour laquelle l'adultère légalement constaté enfle si modestement les statistiques du divorce est donc que le jour où le commissaire de police vient frapper à la porte de la chambre suspecte, et la fait ouvrir « au nom de la loi », les oiseaux qu'on voulait prendre sont généralement dénichés.

... J'ai dit que le divorce, tel que nous le pratiquons, avait des allures de comédie. Comme l'adultère, légalement constaté, lui donnerait une couleur tragique, on n'en use pas.

V

L'ARTICLE 230

La difficulté que l'on éprouve à faire
sortir le commissaire de sa maison pour
frapper à la porte des amoureux au moment même où ils consomment leur faute
a discrédité le flagrant délit auprès des
amateurs de divorce. L'adultère constaté
par le premier venu, un témoin aposté, un
domestique curieux, un mari qui oublie de
tousser avant d'entrer chez sa femme, une
femme qui pénètre dans le fumoir d'un pas
trop léger, cet adultère, bien moderne par

son sans-façon, son goût de l'occasion, son manque de tenue, sa hâte à profiter d'un petit vertige de désir, n'est plus une cause péremptoire de divorce : c'est seulement une « injure grave ».

Les auteurs de la loi du divorce voulaient n'être sévères que pour la forme, et ils tenaient dans la pratique à se montrer complaisants. Ils ont ici démasqué leurs intentions secrètes, et laissé apercevoir la voie dans laquelle ils veulent entraîner le droit français, contrairement à ses instincts, à toutes ses traditions et, on peut le dire, à son idéal permanent.

Au moment même où ils reconnaissaient que, travesti « en injure grave », l'adultère, sans la garantie des constatations légales, était une cause suffisante de divorce, ils ont hardiment placé sur un pied d'égalité complète l'infidélité de l'homme et celle de la femme. Ils ont affirmé que l'une n'était pas plus grave que l'autre, qu'elle n'avait pas,

au point de vue du mariage des conséquences plus déplorables. Sous la pression
de sentimentaux, de rêveurs et de cosmo-
polites qui vivent de chimères, ils ont pro-
clamé le principe absurde de l'égalité des
sexes dans la nature, dans la famille et
dans la société.

Cela s'appelle l'article 230. On le trouve
dans le Code civil. Il est libellé en ces termes :

*La femme pourra demander le divorce pour
cause d'adultère de son mari.*

Affirmer que l'amour de la femme nor-
male est « unique », que l'instinct de sa
chair et le penchant de son cœur la portent
vers la fidélité exacte comme vers un état
idéal, c'est énoncer une vérité que démon-
trait l'histoire de l'humanité, avant que la
science l'eût contrôlée et précisée. Elle a
constaté, cette science, que, quand la femme
qui se réunit avec plusieurs hommes ne
devient pas tout à fait stérile, elle a moins
d'enfants que la femme monogame.

— Ton amour, dit la bohémienne de Malaga à l'amant préféré, ton amour est comme le taureau qui va où on l'appelle ; le mien est comme la pierre qui reste où on l'a posée.

Voilà le cri passionné d'un peuple sans codes, qui prétend vivre selon les inspirations « de la bonne loi naturelle ».

Chez nous, jusqu'en 1810, l'adultère seul de la femme était puni. Il n'était alors venu à la pensée de personne de poursuivre l'adultère du mari, et Montesquieu a résumé dans des termes qui, en leur genre, sont définitifs, l'opinion de la société la plus civilisée qu'on ait connue sur les torts réciproques de l'homme et de la femme dans l'adultère :

« La violation de la pudeur, dit-il, suppose dans les femmes un renoncement à toutes les vertus. La femme, en violant les lois du mariage, sort de sa dépendance naturelle. En effet, la nature a marqué

3.

l'infidélité de la femme par des signes certains, outre que les enfants adultérins de
la femme sont nécessairement .au mari et à
la charge du mari, au lieu que les enfants
adultérins du mari ne sont point à la
femme, ni à la charge de la femme. »

A ces considérations on peut ajouter
des raisons tirées de l'état de nos mœurs
mêmes qui ne font rejaillir sur la femme
trompée qu'un léger discrédit, tandis qu'il
en est tout autrement pour le mari. Ajou-
tons que la femme trompée peut encore être
aimée — surtout respectée — par son mari,
tandis que la femme adultère n'a généralement que du mépris pour celui qu'elle voue
au ridicule. C'était l'opinion d'une dame de
la Cour de Louis XIV. Une amie trop offi-
cieuse prenait un malin plaisir à lui faire
part des bruits qui couraient sur la légèreté de son mari :

— Que m'importe, répondit cette femme
 nsée, qu'il promène son cœur du matin

au soir, pourvu que, le soir, il me le rapporte?

Il est bien remarquable qu'à la minute
même où ces complaisants législateurs pla-
çaient la faute de l'homme et celle de la
femme sur le même pied, au point de vue des
facilités qu'ils voulaient donner à la clientèle
du divorce, ils n'aient pas osé aller jusqu'au
bout de leurs principes et écrire dans le Code
pénal ce qu'ils avaient écrit dans le Code civil.

Au point de vue pénal, l'inégalité sub-
siste. La femme est toujours passible d'une
peine d'emprisonnement pour cause d'adultère commis n'importe où, tandis que le
mari ne peut jamais être puni de prison
du chef d'adultère. Il n'est atteint par la
loi que dans un cas absolument particulier
et défini : « l'entretien d'une concubine au
domicile conjugal ».

J'ai pris sur ces contradictions l'avis d'un
homme qui a étudié le divorce en histo-
rien, en légiste et en praticien.

Il m'a répondu :

— J'estime que le législateur s'est lourdement trompé. Il fallait maintenir l'inégalité au point de vue civil et créer l'égalité au point de vue pénal, en abrogeant courageusement les peines en matière d'adultère. Qu'est-ce, en effet, que le mariage moderne pour la loi laïque? Une convention comme une autre, un contrat synallagmatique dans lequel les parties s'engagent mutuellement et également. Il est juridique de rompre un tel contrat, quand l'une des deux parties prouve que l'autre s'est soustraite à des engagements souscrits en connaissance de cause. Aujourd'hui que le divorce a fait disparaître l'indissolubilité du lien, l'adultère ne peut plus être une excuse au meurtre de la femme et de son complice. S'il y a telle occasion où une pareille violence s'explique, l'excuse n'en peut figurer dans un code de lois qui contient le divorce. C'est affaire aux jurés d'apprécier et, s'ils le peuvent, de justifier leur indulgence[1].

Je ne veux retenir qu'une conclusion de l'opinion bien nette d'un partisan aussi décidé du divorce.

Au moment même où il réclame la suppression de l'imbécile amende et des inutiles semaines de prison qui, pour la femme adultère contemporaine, ont remplacé les épreuves du fouet, du fer et du feu, notre interlocuteur reconnaît que la passion du mari peut être une excuse à cette violence qui fait les meurtriers. Dans le même sentiment le jury — qui hésite à acquitter une femme, éclaboussée du sang d'un mari infidèle — persiste à couvrir de son absolution le mari, passionné ou désespéré, qui rougit son lit souillé.

---

1. Je renvoie ceux qui voudraient approfondir cette question à l'intéressante brochure que M. H. Coulon a publiée sur ce sujet, en 1892, sous ce titre : *le Divorce et l'Adultère* (De l'abrogation des lois pénales en matière d'adultère).

Les avocats peuvent bien se lever et dire :

— Cet homme n'a plus d'excuse !... Aujourd'hui, il y a une loi qui lui rend la liberté, et qui fait de sa femme une étrangère. L'adultère est une cause suspensive du mariage ! Cette femme a cessé d'être sienne de la minute où elle l'a trahi. Le meurtre qu'il a commis sur elle rentre dans la catégorie des meurtres quelconques ! La loi ne peut le laisser impuni !

L'opinion, la tradition française, ces mêmes électeurs qui ont envoyé au Parlement les auteurs de la loi du divorce, les rédacteurs de l'article 230, répondent par leur verdict :

— Non. Il n'est pas vrai que l'adultère de l'homme et l'adultère de la femme puissent être placés sur un pied d'égalité ! La faute de l'homme est une faute d'un caractère moral. C'est un manque d'élégance, une indélicatesse, peut-être un péché, en tout cas elle n'intéresse que l'épouse ; elle ne lèse pas les enfants. L'adultère de la femme est le plus grand crime social. Il ébranle l'édifice que les hommes ont bâti sur tant de ruines.

Quand je songe à cette violence que les gens qui avaient besoin de leur liberté ont faite à l'opinion, au vieux droit latin, pour trouver leurs commodités dans une loi nouvelle, je ne puis m'empêcher de penser que le divorce est destiné à être emporté par tout mouvement moral qui réveillerait, chez ce peuple, le goût de ses traditions.

L'idée de l'égalité des deux sexes dans l'amour n'est point née sur notre sol. Ce n'est point une égale, mais une reine que le Français aperçoit dans la femme. Volontairement il lui a consenti ce privilège exorbitant, en contradiction avec les instincts, avec la grossièreté des appétits de l'homme : le mariage indissoluble. Le jour où la femme, déséquilibrée, démoralisée, perversement conseillée, vient à s'imaginer que l'homme a inventé à son profit la nécessité de la fidélité de l'épouse, le jour où elle prétend à l'égalité dans la faute, elle fait tomber le mariage des hauteurs où l'amour l'avait élevé dans les dégradantes vicissitudes du concubinat.

VI

EN PLEINE COMÉDIE

Nous venons de passer en revue les cas
où l'adultère de l'un des deux conjoints
excite la colère de l'autre partie et lui est
un prétexte à demander le divorce. Restent
les cas, — beaucoup plus nombreux qu'on
ne croit, — où l'adultère est une comédie,
concertée entre les deux époux, voire une
situation extralégale, qui a reçu leur
double approbation. Reste encore le flagrant délit qui a été truqué comme
un coup de théâtre par l'un des deux

époux désireux de se débarrasser de son conjoint.

Les difficultés que l'on éprouve, comme il a été dit, à faire constater par un commissaire de police l'adultère d'un infidèle devaient conduire logiquement des amateurs de divorce peu scrupuleux à préparer un traquenard où l'on serait sûr d'étrangler le conjoint dont on avait décidé de se défaire.

Je me hâte de dire que je ne connais point d'exemple qu'un homme — ce qu'ils appellent un « professional lover » — ait fait marché avec un mari, désireux de mettre sa femme dans son tort. On voit beaucoup de choses dans le monde, dans notre monde. On n'y a pas vu cela. Probablement parce que la femme, assez dégradée pour s'éprendre d'un si abject amant, a, généralement, dispensé son mari de la nécessité d'élaborer un flagrant délit si machiavélique.

Mais il n'en va pas de même de l'autre bord, et l'on conçoit qu'un mari, — voire assez prudent, — se laisse prendre facilement aux avances d'une demi-mondaine, soudoyée par l'épouse légitime, ou, tout simplement, aux agaceries d'une femme de chambre un peu friponne et entièrement dévouée à sa maîtresse. Car, il n'y a pas à dire, l'article 230 est formel :

« La femme peut demander le divorce pour cause d'adultère de son mari. »

Et, quand la belle mademoiselle X..., convenablement rétribuée, a pris la peine d'avertir, elle-même, par un petit bleu, l'épouse outragée, qu'on pourra, entre cinq et six heures du soir, la surprendre en train d'exécuter les conditions de son contrat ; — quand Julie a fait savoir à madame que, sûrement, monsieur passera par sa chambre en rentrant du Cercle, le pauvre niais qui tombe dans le sac peut bien affirmer au commissaire :

— Mais une cocotte, ça ne compte pas!
Une femme de chambre non plus!...

Ce magistrat, au fond attendri, est obligé
de lui répondre, avec une nuance de pitié:

— Je ne vous dis pas, monsieur!... Mais
il y a l'article 230!... Madame votre épouse
obtiendra le divorce contre vous... Un
échange de fantaisie, — même avec une
professionnelle, — c'est un adultère aux yeux
du Tribunal, si l'un des contractants est
marié. D'autre part, la nécessité où l'on
m'a mis d'entrer dans l'alcôve donne à
l'indiscrétion de ma présence le caractère
légal du flagrant délit. Le motif du divorce
est péremptoire...

On prétend — je n'en veux rien croire —
qu'il y a des médecins assez dénués de
sens moral pour chuchoter, dans certains
cas, à l'oreille de leurs clientes le nom
d'une avorteuse et pour leur dire :

— Venez me trouver ensuite.

De même des gens qui ne croient pas

facilement à la vertu affirment qu'il s'est trouvé des avocats sans scrupule pour donner mystérieusement à leurs clientes l'adresse d'agences très parisiennes qui disposent de comparses irrésistibles et qui se chargent, dans le besoin, d'organiser un flagrant délit bien légal.

Faut-il vous dire que je tiens ces racontars pour de pures médisances ? Ce qui est certain, c'est que j'ai souvent reçu — et, sans doute, vous comme moi, — sous belles enveloppes cachetées, avec des affranchissements de quinze centimes, des prospectus très explicites de ces agences discrètes qui se chargent « de toutes recherches délicates dans l'intérêt des familles ». La « surveillance » est une des mamelles qui les font vivre ; l'autre c'est le « flagrant délit concerté ».

— J'ai connu, m'a dit un praticien du divorce, beaucoup de gens qui avaient eu la faiblesse de céder à ces sollicitations. Il m'en vient encore tous les jours qui me

disent: « J'ai reçu un prospectus d'agence... »
Je les mets en garde contre la tentation de
s'en servir. En effet, la plupart du temps,
l'expérience coûte horriblement cher et elle
n'aboutit pas. Les agences fournissent à leur
clientèle des romans très pathétiques... Si
l'on se fie à leurs indications, on fait chou
blanc. L'agence en est quitte pour s'excuser
sur les difficultés des « filatures », sur un
changement de fiacre qui a dépisté. Cependant, le « filateur », qui souvent a simplement pris la peine de rédiger son petit
mémoire, d'imagination, dans une brasserie,
en buvant des bocks, se fait communément
payer soixante à quatre-vingts francs par
jour.

Et cet homme d'expérience ajoutait:

— Si l'on est décidé à organiser un flagrant délit, il vaut mieux opérer soi-même,
traiter de gré à gré avec une belle personne,
experte à jouer la comédie de l'amour, qui
ne s'effraye pas trop à la pensée que deux

hommes à la fois, l'amoureux et le commissaire, la verront dans un déshabillé galant.
Mais que d'embarras se préparent, dans la
suite, les imprudentes qui usent de tels
moyens pour se défaire de leurs maris!
Leurs complices les font aller où elles veulent. Elles menacent d'avertir le mari, le
commissaire de police, le Tribunal, de la
fourberie de leur connivence. On en a vu
qui feignaient les remords. Et un remords,
voyez-vous, chez un complice qui est maître
de votre secret, c'est encore plus dispen-
dieux à nourrir que le simple et normal
appétit de chantage.

Malgré ces sages conseils, le flagrant délit
truqué aura toujours des amateurs: il y a
des gens qui savourent, avec une volupté
presque sadique, les émotions de la chasse
à l'affût.

Avec l'adultère de commun accord, non
seulement toléré par les époux, mais ami-
calement accepté, la comédie s'élargit encore.

Il ne faudrait pas croire qu'il soit seulement en usage dans le peuple, le petit contrat, que des époux, rassasiés l'un de l'autre, et pourtant bons camarades, se signent, bénévolement, après dîner, enchantés de se trouver si d'accord, et de régler leurs affaires sans tapage, sans dépenses, sans intervention de magistrats.

Sans doute les maçons, les journaliers, tout le petit peuple qui vit dans la promiscuité de ces grandes casernes de misère où les mœurs du phalanstère renaissent nécessairement, ont une tendance à passer, sans gêne ni souci, à travers les scrupules de la loi, comme de très petits oiseaux par les mailles d'un filet trop large. Mais j'ai là sous les yeux cinq ou six affaires typiques où des bourgeois, des négociants, sont en cause.

Voici deux couples qui habitaient la même maison. Ils vivaient amis et se fréquentaient assidûment. Un beau soir, — en tirant les Rois, — ils s'avisent que ce serait tout à

fait divertissant d'en user comme au qua-
drille où l'on change de dames. Il se trouve
que les quatre volontés sont consentantes.
M. X... a depuis longtemps du goût pour
madame Y..., qui le trouve charmant ;
M. Y... a le cœur touché au vif par la grâce
de madame X..., et il en est agréé. Pourquoi
ces quatre conjoints se rendraient-ils malheureux ? L'échange qu'on va faire met les
maris au-dessus du ridicule et les femmes
à l'abri de la jalousie. Il ne reste donc qu'à
trouver une formule de contrat. On la rédige
séance tenante :

« Il est entendu qu'à partir de ce jour,
» moi, X..., je concède à Y... ma femme
» Juliette. Il me donne en échange sa femme
» Ernestine. »

J'ai vu le contrat, écrit sur beau papier
timbré, parafé par les quatre intéressés au-
dessous de cette formule d'usage :

« Fait double à Paris, de bonne foi et
» de bonne amitié. »

Dans le monde, on se signe aussi des petits papiers. Une femme, riche et amoureuse, abandonne une partie de son revenu à un mari indigne pour qu'il la laisse vivre selon la pente de son cœur. Cela s'appelle « se rendre sa liberté », cela ne note pas nécessairement d'infamie le conjoint qui vend sa tolérance à beaux deniers comptants.

— Si vous voyez si peu de vrais mondains, me disait une femme d'esprit[1], user du divorce, ce n'est pas pour des motifs honorables : *c'est parce que le monde est trop immoral.* Au moment du mariage, le mari s'est arrangé au mieux de ses intérêts dans le contrat. Il a donc tout à perdre dans le divorce. Il n'en veut point. Il fait comme ce philosophe, merveilleusement moderne, que Gyp nous a peint dans son *Journal d'un grinchu,* qui s'arrête à temps dans la voie

1. Madame Aubernon de Nerville.

de la jalousie et de l'indignation, pour ne pas être obligé d'user des facilités gênantes que lui donne la loi nouvelle.

Voilà les mœurs des époux qui tournent autour de l'adultère. Elles feront rire ceux que le cynisme divertit. Je les tiens pourtant, dans l'occasion, moins comiques que les décisions des magistrats qui les jugent.

On a vu avec quelle facilité ils accordaient le divorce à la brassée, pour les motifs les plus futiles? Il leur arrive de le refuser à des époux qui se sont donné des signes si injurieux de leur mépris réciproque.

Je songe, en ce moment, à un procès qui n'est pas bien ancien et qui, en son temps, a diverti Tout-Paris. Il mettait en scène un financier, une dame du corps de ballet et le mari *in partibus* de cette légère créature.

A tort ou à raison, la danseuse avait persuadé au financier qu'il était la cause principale d'un grand mal de genou pour lequel elle avait dû, toute une année durant, s'éloi-

gner des planches. Après cela, il fallut
donner un nom à un enfant qui était né
dans la maison. Le financier usa d'un moyen
pratique. Il découvrit un personnage peu
scrupuleux et très désargenté qui, pour une
bonne somme, accepta d'épouser la danseuse, de donner son nom à l'enfant et de
passer la Seine afin d'aller habiter dans un
quartier fort éloigné.

Il arriva que cette danseuse et ce mari,
qui réellement ne se voyaient jamais, trou-
vèrent cependant moyen de se brouiller.
L'idée qu'ils étaient unis l'un à l'autre
— voire par un lien virtuel — leur devint
insupportable. Ils se mirent d'accord pour
demander le divorce. Ils prouvèrent que
leur mariage avait été une farce ; ils atten-
dirent avec confiance la sentence du Tribunal.

On leur répondit par un refus.

Les considérants du jugement sont de ceux
qu'il convient de citer :

« Attendu que la femme qui connaissait

les relations de son futur mari avec une autre femme y avait consenti, et même qu'elle avait stipulé que ces relations continueraient après le mariage, elle ne peut prétendre trouver dans l'adultère de son mari une cause péremptoire de divorce, alors surtout qu'elle a avoué ne point poursuivre contre son mari la vengeance d'une injure, mais l'affranchissement de l'autorité maritale.

» Attendu, d'autre part, que le mari ne peut se fonder pour obtenir le divorce sur l'inconduite et spécialement sur l'adultère de sa femme, lorsque, ayant contracté mariage uniquement dans le but de participer à la fortune opulente de sa femme dont il n'ignorait pas le passé, et de donner son nom à l'enfant dont elle était mère, et ayant, lors du mariage, consenti à ce que sa femme conservât une habitation distincte de la sienne, il n'a pu se méprendre sur les conséquences qui pouvaient en résulter, au point de vue de la fidélité conjugale... »

4.

Allons, il n'y a pas à dire : de toutes les marionnettes que Guignol met en scène, c'est encore l'homme à la toque qui est le plus bouffon.

VII

QUE DEVIENT LE MARI?

Il n'y a personne qui n'ait assisté, au
moins une fois dans sa vie, à un de ces ban-
quets de goût douteux où un « fils à papa »
qui a longuement scandalisé quelque ville
de province par sa voyante inconduite réunit
les célibataires, compagnons de ses médiocres plaisirs, pour enterrer joyeusement
« sa vie de garçon ». On porte là, en vers et
en prose, des toasts où la liberté du célibat
est célébrée, en termes dithyrambiques, par
des personnages qui, pour la plupart, sont

ligottés dans d'imbéciles liaisons, plus étroitement que des nouveau-nés en lisière.

Il est donc entendu que le mariage est une geôle et qu'il faut s'attendrir sur ceux qui s'y résignent.

Une telle opinion de l'intimité conjugale s'expliquerait mieux chez un mari fraîchement divorcé que chez un fiancé tout neuf. On comprendrait, à la rigueur, que l'affranchi réunît quelques vieux amis dans un cabaret, pour célébrer, coupe en main, sa liberté reconquise.

L'expérience prouve que ce n'est pas ainsi qu'il en retourne. On peut affirmer comme un axiome que le divorcé *n'a pas assez du mariage*; il a assez de *son* mariage. Ce n'est pas précisément la même chose.

— Les divorcés? me disait un des philosophes qui viennent de faire mon éducation, ils sont encore plus pressés de se remarier que les veufs! Presque toujours, ils n'ont songé à reconquérir leur liberté que pour

convoler. Leur choix était arrêté d'avance.
Ainsi, d'une certaine façon, ils font du mariage le plus précieux des éloges. J'en connais qui ont divorcé jusqu'à trois fois. On
pourrait croire que, — après tant d'aven-
tures — ils estiment qu'une bonne liaison
suffit à abriter leur inconstance ou leur mal-
chance ?... C'est un quatrième mariage qu'ils
convoitent ! Et vous me permettrez de dire
qu'avec ces francs-tireurs la question religieuse — aussi bien que la question morale,
— est écartée. Ils aiment le mariage pour
lui-même, parce qu'ils en ont tâté, comme
les alcooliques rêvent du verre de marc.

Qui donc notre divorcé épousera-t-il ?

Les braves gens diront :

— Sa complice, s'il a été assez habile pour
éviter la surprise du flagrant délit et si ses
habitudes d'adultère n'ont été invoquées
contre lui par sa femme qu'au titre d' « injure grave ».

Décidément, les gens réguliers n'entendront jamais rien à la psychologie de ceux qui ne le sont pas. Ils seront, dans l'occasion, assez surpris d'apprendre ceci :

Il est infiniment rare que l'époux adultère, auquel le divorce rend sa liberté, épouse sa complice.

— Pourquoi ?

— Simplement parce qu'il en a assez, plus simplement encore parce qu'il la connaît et que l'homme a une tendance à n'épouser que les femmes qu'il ne connaît pas ou qui lui résistent.

A supposer que ladite complice le tourmente pour passer par la mairie, il lui répondra :

— A quoi bon?... Tu ne vas pas m'attendrir avec tes scrupules, puisque tu m'as cédé? Tu ne me diras pas que ton mariage faciliterait ton entrée dans le monde? Les débats de mon affaire ont été trop bruyants et si le monde tolère le ménage à trois quand deux des époux ont passé par l'église, il ferme ses portes au mariage à deux quand ces deux n'ont reçu que la bénédiction du maire. Tu ne me parleras pas davantage des enfants que nous avons déjà eus ensemble?... Notre mariage ne changerait rien à leur situation. Adultérins ils sont, adultérins ils demeureront, alors même que moi, leur père, je t'épouserais, toi, leur mère.

Telle est en effet la loi. Elle considère l'adultère comme un crime contre le mariage et elle entend que les conséquences de cette faute soient éternelles. Tant pis pour les innocents! Les deux coupables pourront rentrer dans la régularité; eux, ils porteront toute leur vie le poids d'une faute qu'ils n'ont pas commise, car il se mêle à tout cela des questions d'argent et on n'ignore pas que l'argent fait toute la moralité d'un contrat d'amour.

Le divorcé se remarie avec d'autres divor= cées (c'est rare), parfois avec des veuves, surtout avec des jeunes filles.

Je le regrette, mais cela est ainsi.

Si c'est sa femme qui s'est mise dans son tort, il aura pour lui l'attendrissement illimité d'une foule de personnes romanesques qui aspirent de très bonne foi à jouer l'emploi de consolatrices. S'il est divorcé sans enfants, il se trouve « exactement dans la situation d'un jeune homme ».

— Mais, pardon, il ne peut pas mener sa femme à l'église !

— Ah çà ! mon pauvre monsieur, d'où sortez-vous ? Nous avons déjà constaté que le monde, — par hypocrisie, — refusait le tour de valse aux époux qui n'ont pas été bénis dans une église, dans un temple ou dans une synagogue... Mais le monde, ce n'est rien ! En dehors de lui, on en use comme on veut, — comme on peut. — Les pères de famille n'ont déjà point tant de facilité à établir leurs filles ! Les filles — si elles sont pieuses — espèrent toujours que l'ancienne femme mourra et qu'alors, elles pourront régulariser leur situation... Enfin, l'état civil est là qui, dans tous les actes publics, traitera les époux en gens réguliers et les fils en enfants légitimes. Tout le monde aujourd'hui, voyez-vous, fait bon accueil au gendre divorcé, les libres penseurs, les indifférents, les tièdes de toutes les religions. Il n'y a que les catholiques intransigeants qui lui montrent la porte. Et encore !... Il ne faudrait pas qu'un comte authentique, porteur d'un très beau nom, s'avisât — après son divorce — de demander une petite bourgeoise en mariage... Vous verriez fondre les scrupules !... On ne se sent jamais tout à fait en dehors de la confession catholique, quand on est comtesse.

Je laisse à mon informateur la responsabilité de son scepticisme. J'entre sans lui dans l'analyse des sentiments de l'homme que le divorce vient de faire libre.

Beaucoup m'ont demandé :

— Que pense-t-il de son ancienne femme ?

S'il ne la hait pas définitivement, il n'éprouve à son endroit qu'une superbe indifférence. Ceci, en effet, est bien masculin : l'homme ne doute pas qu'en se privant de lui sa femme n'ait fait une perte irréparable. Il lui vient très rarement dans l'esprit qu'elle pourra trouver un second mari. Elle a pour lui si peu de charme qu'elle lui paraît devoir en manquer définitivement aux yeux des autres. Le divorcé demeure dans cet état jusqu'au jour où il apprend que sa femme va se remarier.

Alors il arrive que son indifférence fond tout d'un coup et que brusquement il se réveille jaloux.

Je cite ici un fragment de lettre qu'un correspondant indiscret place sous mes yeux :

« Te souviens-tu, mon cher ami, comme tu as été de mauvaise humeur quand tu as vu ce que j'avais fait de ta jument alezane ? Il faut dire que tu me l'avais vendue dans un piteux état ! Mais un an de pré, le feu aux quatre membres, et, permets-moi de te le dire, un meilleur embouchage avec une main légère au bout des rênes, cela vous transforme un animal. Confesse la vérité : tu as été jaloux quand tu as vu passer ta Norma sur mon phaéton, dans l'avenue des Acacias ? Tu m'en as un peu voulu ? Moi, je me disais : « Est-il bête ! » Je te pardonne... Hier, j'ai vu Hélène à l'Opéra. Je ne l'avais pas rencontrée depuis son remariage. S'est-elle aperçue que je la lorgnais ? A-t-elle fait exprès de prendre cet air heureux, brillant, que je ne lui connaissais pas ? Son mari était debout derrière elle. Tu me croiras si tu veux, j'ai eu un vertige. Un quart de seconde je me suis demandé si je n'allais pas m'arranger pour bousculer mon successeur dans la descente de l'escalier et pour le souffleter. »

L'homme du peuple, lui, n'hésite pas. Un de mes amis avait à son service un couple de domestiques. La femme avait cette beauté brune qui plaît tant aux simples. Elle en profita pour se mal conduire. Son mari divorça et il épousa une cuisinière qui, elle aussi, était dans la maison. Le couple avait quitté sa place, quand leur ancien maître s'avisa qu'on lui avait soustrait des lettres qui avaient pour lui de l'importance. Le tout se termina par une perquisition chez les nouveaux époux et une confrontation chez le chef de la Sûreté. Là, devant sa seconde femme, le malheureux garçon confessa sa jalousie. Il avait cru s'emparer d'une correspondance de la coupable. Et comme M. Cochefert, qui, lui, est un psychologue, disait :

— Mon pauvre malheureux !... J'en suis sûr vous rencontreriez cette femme qui vous a tant fait souffrir au bras d'un autre homme, vous ne seriez pas maître de vous ; vous oublieriez qu'elle ne vous est plus rien, qu'elle est libre, et peut-être il coulerait du sang...

Devant sa seconde femme, le divorcé baissa la tête :

— C'est vrai ce que vous dites là, monsieur le chef de la Sûreté !... Je ne me connaîtrais plus... Non, je ne peux pas vous promettre que je me connaîtrais !

Les amateurs de faits divers et des vrais romans de Cour d'assises sont édifiés sur ce chapitre. Il n'y a que les Normands de Maupassant qui, avant de donner libre cours à leur jalousie, vont demander à monsieur le maire « s'ils ont le drèt ». L'homme du peuple fait toujours une concession à la loi quand il accepte ses contrôles. C'est une complaisance que peut lui arracher l'amour. Il s'en affranchit dans la haine. Il nous crie alors dans sa colère le mot de la vérité et de l'instinct : Quand il y a eu amour entre un homme et une femme, il n'est pas de loi humaine qui puisse les faire étrangers l'un à l'autre.

Cela est si vrai que le nombre est grand,

surtout aux environs de la trentaine, des époux divorcés qui, secrètement, reviennent l'un à l'autre après que le divorce les a séparés et que, parfois, le remariage a engagé au moins l'un des deux dans de nouveaux liens.

Je lis dans les lettres d'une procédure qu'on met sous mes yeux :

« Nous ne pouvons pas nous entendre... Divorçons, ma pauvre amie !... Peut-être que dans peu de temps d'ici nous ferons un amant et une maîtresse qui ne se querelleront pas. »

Voici qui est plus grave :

« Je ne peux pas vous demander, ma chère, de changer quelque chose à votre train. J'aime que vous soyez jolie, je sais que cela coûte cher et je sais aussi que je ne peux plus payer vos notes. Qu'arrivera-t-il donc... fatalement ? Dans quelques mois vous serez la maîtresse de X... qui vous guette, qui vous veut, à qui vous finirez

par vous vendre malgré vos répugnances.
Et moi, je serai malheureux, odieux et
ridicule. Quittons-nous bons amis sur un
prétexte. Épousez ce vieil imbécile de X...
Et alors tu seras toute à moi avec le charme
du mystère et du fruit défendu. Il n'y avait
peut-être que cela qui nous manquait pour
être définitivement heureux... »

Cette lettre n'est pas une invention. Elle a
été produite au cours d'un procès, par « ce
vieil imbécile de X... » qui, après son
mariage avec l'élégante sournoise, avait surpris la lettre imprudente dans un sachet
très parfumé.

Bonnes ou mauvaises, ces mœurs ache-
minent les époux au remariage. Les juris-
consultes de notre temps l'ont envisagé
comme un bienfait. Ont-ils eu raison ?
Cela est matière à dissertations.

« La loi des Maldives, dit Montesquieu,
permet de reprendre une femme qu'on a
répudiée. La loi du Mexique défendait de se

réunir sous peine de la vie. La loi du
Mexique était plus sensée que celle des
Maldives. Dans le temps même de la dissolution, elle songeait à l'éternité du mariage ;
au lieu que la loi des Maldives semble se
jouer également du mariage et de la répudiation. »

Qu'aurait dit l'auteur de *l'Esprit des lois*
s'il avait pu deviner que la loi des Maldives,
un jour, serait la nôtre ?

VIII

QUE DEVIENT LA FEMME ?

Lorsque, sans parti pris, on étudie les mœurs de la femme française dans le divorce contemporain, on observe qu'elles font avec celles de l'homme un contraste assez vif.

On l'a vu : l'homme divorce presque toujours pour convoler à de nouvelles noces. Il est rare au contraire que la femme divorce pour se remarier; au moins, au moment même de la rupture de son premier contrat, on peut affirmer qu'elle ne songe presque jamais au remariage. Un peu de temps, elle demeure comme étourdie de la chute qu'elle a faite.

Je voudrais complaire aux féministes et leur dire : Il n'y a que des motifs nobles et désintéressés dans la décision qui porte beaucoup de femmes à demander le divorce contre leurs maris. J'étais persuadé, pour mon compte, qu'elles pensent à sauvegarder d'abord les intérêts de leurs enfants. On m'a répondu, et l'unanimité des témoignages est déconcertante :

— Sans doute, la femme que son mari ruine songe à ses enfants, mais elle pense *d'abord* à elle-même. Par-dessus tout, elle redoute la *misère pour la vieillesse.*

Rappelez-vous l'intensité de l'instinct maternel chez la femme, et — au lieu de vous offenser de cette découverte — vous répéterez avec moi : « Comme il faut qu'elle soit à plaindre ! »

On touche à chaque instant le mensonge de cette prétendue égalité des sexes, que

l'article 230 a proclamée. Et tout d'abord
dans la procédure. Elle se montre, dans l'occasion, bien moins galante que le Code. Elle
crée à la femme une situation très inférieure
entre le moment où l'on a demandé le
divorce et la minute où le divorce est prononcé. Pendant cette période, l'homme habite
où il lui plaît. Il peut, à sa fantaisie, changer de domicile, c'est-à-dire qu'il est bien
malaisé à la femme de surveiller sa conduite,
de savoir si, pour se consoler, il a attendu
le moment où le Tribunal lui en aurait
rendu la liberté.

La femme, au contraire, est obligée de
garder le domicile qui lui a été assigné par
ordonnance, et ce, sous la menace d'une
pénalité assez grave. Si elle quitte cette
résidence particulière sans avoir obtenu la
permission du juge des référés, sa pension
alimentaire est suspendue. Sans doute, elle
n'est pas déchue du droit de solliciter le
divorce, mais, pour avancée qu'elle soit dans

son instance, elle perd toute la procédure qu'elle a faite (article 241). On a voulu que l'homme pût la surveiller pendant toute la durée de cette procédure, quand bien même elle aurait été la victime et lui le tourmenteur.

Lorsque le divorce est prononcé contre une l'imprudente, — à la suite d'un flagrant délit ou d'un adultère invoqué par le mari comme « une injure grave », — l'amour-propre et l'amour s'unissent chez la femme pour déterminer le complice au remariage. La femme, surprise par son mari aux bras d'un amant, se sent disqualifiée, si, après le divorce, cet amant ne l'épouse pas. Malheureusement, nous avons constaté naguère que le mari surpris en conversation criminelle avait fort peu d'inclination à changer en un mariage régulier sa liaison ou sa partie de plaisir. Sur ce chapitre, l'amant célibataire ne raisonne pas autrement que le mari divorcé. Ce n'est guère que dans le peuple, — voire

dans le petit peuple, — que l'on épouse
après divorce une femme pauvre et chargée
d'enfants.

A supposer que l'amant bourgeois veuille
donner à sa froideur une couleur un peu
brillante, il a la ressource de gémir en invo-
quant la cruauté de la loi :

— Eh! sans doute, ma chère, j'aurais
voulu vous épouser... Mais quoi !... il paraît
que nous sommes complices. On me permet
de me marier avec toutes les femmes que je
n'aime pas ; avec vous que j'aime, cela m'est
interdit !

Les pauvres divorcées avaient trouvé un
petit moyen — pas bien légal, mais très
humain, — de tourner une interdiction qui,
dans leur ignorance des principes et leur
naturelle sentimentalité, leur semble tout à
fait monstrueuse. Elles traînaient le complice
en province, devant un maire qui n'avait pas
entendu parler de leur aventure. Elles lui
présentaient leur extrait de naissance de

jeune fille. Elles se remariaient sans bruit.
L'article 298 était tourné.

Cela ne faisait pas le compte des don Juans
surpris en flagrant délit ! Sommés, par leurs
complices, de tenir les engagements hypocrites qu'ils avaient multipliés à l'heure où si
facilement l'on dit à une femme : « Quel malheur que je vous aie connue trop tard!... »
ces amants informèrent sournoisement nos
gouvernants d'une fraude si dangereuse. Et, le
17 août 1897, on a promulgué une loi qui,
sans tapage, a doté tous les époux d'un casier
civil.

Elle rend inutile le voyage en province.

En effet, depuis cette époque, la mention
de l'acte de mariage ou de l'acte de divorce
est inscrite d'office en marge de l'acte de
naissance. C'est la fin du crime de bigamie,
mais c'est aussi la fin des mariages d'amour
avec le complice. Les amants n'ont plus rien
à craindre.

Ils en profitent.

Ceci est, d'autre part, très digne de remarque :

Nous l'avons constaté, même après son divorce et son remariage, l'homme du peuple demeure jaloux d'une femme autrefois aimée. Par contre, on n'a pas pu me citer un seul cas d'attentat (ayant quelque caractère de gravité) commis par une femme divorcée et remariée sur son ancien mari. L'homme tue comme amant, il tue comme mari, il tue comme divorcé, il tue après le remariage. La femme du peuple qui, jeune fille, jette si facilement le vitriol à la tête de son séducteur, qui, plus d'une fois, a défiguré son mari adultère, perd quand elle est remariée, tout souvenir de l'homme avec lequel autrefois elle a vécu. Il lui est indifférent de le rencontrer au bras d'une autre femme, — maîtresse ou légitime épouse. Elle ne dissimule pas, elle n'étrangle pas sa jalousie : c'est l'oubli, au moins la complète indifférence. Elle est à celui qui la possède, elle n'est plus à celui qui a cessé de la posséder.

Cet oubli du passé a une intensité trop instinctive pour qu'il faille le considérer comme une conséquence des mœurs populaires. Il y a tout lieu de croire que, remariée, la femme du monde n'a pas plus de mémoire que la femme du peuple. Mais combien elles sont peu nombreuses, ces mondaines-là! La société tient surtout au bon accord, qui est la condition de ses plaisirs. Et si elle accueille, avec une tolérance décidément cynique, le ménage à trois, c'est qu'elle n'est pas tenue de connaître ce que font, toutes persiennes closes, le mari, la femme et l'autre.

Au contraire, quand le scandale des débats, du jugement, l'éclat, même atténué, du second mariage, ont obligé tout le monde à savoir que madame X... a été successivement et *officiellement* possédée par deux hommes vivants, tous les éventails se déploient pour cacher la légitime rougeur des visages. On tremble que le second mari se fasse annoncer à la porte, ce qui aggraverait les choses par la gêne des présences réelles.

A supposer que ce premier mari soit un homme de tact, qu'il évite de fréquenter dans les salons où il pourrait rencontrer son ancienne femme, cela même est, pour le monde, un ennui et un embarras. Il y a mille occasions où l'on est obligé de choisir entre le nouveau couple et le mari dépareillé. La société ne pardonne pas à ceux qui, de leurs querelles particulières, troublent l'égoïsme poli de ses plaisirs. Elle est féroce aux divorcées, — surtout aux divorcées remariées, — parce que leur aventure ébranle ce fameux contrat social dont le mariage indissoluble était la base et dont la stabilité permettait au monde de se divertir sans inquiétude.

Qui donc s'embarrassera de ce fardeau : une femme divorcée ?

A moins que la divorcée ne soit fort riche (et en ce cas elle trouvera facilement des seconds maris pour la conduire à un second divorce), elle ne se remariera pas.

Cependant, le divorce a pu la surprendre en pleine jeunesse, avant que sa vie sentimentale et l'autre fussent finies ? Elle aura donc à soutenir, vis-à-vis de soi-même, des luttes plus cruelles que la veuve. A supposer, en effet, qu'elle soit religieuse, au moins moralement affinée, elle ne trouve pas devant cette réalité, malgré tout apaisante, cet affranchissement total qu'est la mort de l'époux. Si elle a peu de scrupules, voire si elle est galante, elle souffrira davantage encore : les gens la trouveront trop libre. Ils craindront qu'elle devienne une charge, un embarras, lâchons le mot d'argot : « un crampon ».

— Tromper un mort ! s'écrie l'amant du Théâtre libre, c'est encore tromper quelqu'un ! Séduire la jeune fille, c'est la voler... La divorcée n'a rien à mettre au jeu : ni sa virginité, ni ses remords de fidèle épouse, ni ses scrupules de veuve ; c'est un « laissé pour compte ».

Or, si la chasteté est pesante à qui l'a toujours gardée, elle est à peu près insupportable à celles qui la subissent comme une nécessité, après avoir connu les douceurs, même très courtes, de la lune de miel. La femme n'a pas ici les ressources de l'homme qui peut si bien mettre son cœur d'un côté et ses sens de l'autre, — voire gorger ses sens tandis que son cœur s'atrophie tout à fait.

Cette inégalité dans la pudeur détermine plus d'une femme à se rapprocher, presque malgré elle, d'un mari qu'elle avait cru haïr. Ces fameuses « reprises », dont il a déjà été question, sont presque toujours une suite de son initiative. Quand l'homme y songe le premier et recherche sa divorcée, c'est seulement pour s'en faire une maîtresse. La femme renoue uniquement en vue du remariage. Chacun de ses actes le prouve : elle souhaitait le mariage indissoluble.

IX

LE PARDON

En matière de divorce, le « pardon » s'appelle la « réconciliation ». Les auteurs affirment qu'elle est souhaitée « par la société comme par le législateur »; ils en donnent cette preuve : l'institution du « sursis ».

Quand l'instance en divorce est instruite, avant de prononcer la parole qui rendra les deux conjoints étrangers l'un à l'autre, le magistrat a le droit de déclarer qu'il remet son jugement à six mois. (Sous la loi de

1884, il pouvait le reculer d'un an.) On veut donner à des gens qui semblent hors d'eux-mêmes le loisir de s'apaiser ; on souhaite qu'une décision aussi grave que le divorce ne soit pas prise dans la minute même de la colère.

« La justice, dans tous les temps, accueillit avec faveur l'exception de la réconciliation contre des demandes qu'elle ne peut entendre qu'à regret. La réconciliation de deux époux est toujours désirable : c'est, sans contredit, le premier vœu de la société[1]. »

Le sursis apparaît donc comme une espèce de martingale qui empêche les amateurs de divorce de prendre le mors aux dents. Il n'est pas défendu de croire que son effet pourrait être souverain. Malheureusement, le magistrat ne recourt que bien rarement au sursis, et dans des occasions choisies. Je ne fais pas ici son procès. Je comprends

---

1. H. Coulon, *Le Divorce et la Séparation.*

très bien que, débordé comme il l'est par le
flot montant des divorces, blasé par la mo-
notonie des récriminations, il ne puisse retenir toutes les causes, les approfondir, jouer,
entre deux époux quelconques, le rôle de
l'ami conciliateur. Je constate simplement
que nous avons le droit de nommer « arbitraire » ce que le législateur appelle, avec
plus de discrétion, « l'appréciation souveraine du juge ».

Je remarque encore que, dans le fait,
sinon dans la lettre, le sursis est devenu
une loi tout à fait aristocratique — je dis
bien — une loi d'exception. On en use seulement dans des cas très particuliers, lorsque
les époux en discorde apparaissent au magistrat uniquement dignes d'intérêt, — entendez lorsqu'ils se distinguent du vulgaire
par l'éclat de leur nom, de leurs talents ou
de leur fortune.

En ce cas, le juge le sait, sa décision
sera surveillée, discutée dans le monde. Il

n'ignore point qu'au fond la société est hostile au divorce. Il veut se concilier sa bienveillance ; il fait usage de son droit souverain ; il donne à des gens bien élevés l'occasion de se réconcilier.

Mais les pauvres diables ?

Le sursis n'est pas fait pour eux. Le Tribunal n'a pas le temps d'approfondir leur aventure. Il brasse des divorces d'assistance judiciaire au boisseau, comme des pommes. Il n'a qu'une idée bien arrêtée sur cette clientèle : il ne veut pas la revoir. Quand il peut se débarrasser d'elle après une seule entrevue, pourquoi lui donnerait-il rendez-vous à six mois [1] ?

1. Il serait injuste de reprocher aux Tribunaux français ces mauvaises mœurs de justice comme une exception inconnue ailleurs. En tous temps et en tous lieux les gens du peuple ont vu leurs affaires traitées avec cette désinvolture. M. de Bismarck, qui n'avait pas l'âme tendre, en fut indigné dans sa jeunesse. Il conte en ces termes, dans ses *Mémoires*, le fâcheux souvenir que lui laissèrent ses fonctions de stagiaire près d'un Tribunal de divorces :

« La première occupation où les stagiaires eussent à agir par eux-mêmes, consistait à traiter les affaires de divorce. Évidemment on devait considérer ces affaires comme étant

Mais la réconciliation peut se produire avant le sursis, pendant l'instance en divorce, de la propre volonté des époux, sans intervention du juge.

D'après les auteurs, on peut définir la réconciliation légale : « le pardon par l'époux

les moins importantes ; on en avait chargé le plus incapable des conseillers, nommé Prætorius. En réalité elles étaient abandonnées aux petits stagiaires imberbes ; ils avaient à apprendre sur elles, comme *in corpore vili*, leur rôle de juge, sous la responsabilité, il est vrai, du sieur Prætorius. Mais celui ci n'assistait jamais à leurs délibérations. Pour dépeindre M. le président aux nouveaux venus, les anciens leur racontaient qu'à l'audience, quand pour le vote on le faisait sortir de sa douce somnolence, il avait coutume de dire : « Je vote comme notre collègue Tempelhof », et que fort souvent il fallait lui faire observer que M. Tempelhof n'assistait pas à l'audience.

» Un jour je lui rendis compte de mon embarras. J'avais à peine vingt ans, et il me fallait faire, entre époux très excités, une tentative de conciliation, tentative qui, à mes yeux, avait un caractère religieux et moral, en quelque sorte sacré ; étant donné mon état d'âme, je ne me sentais pas à la hauteur. Je trouvai Prætorius de fort mauvaise humeur, comme l'est un vieux monsieur qu'on réveille mal à propos ; de plus, il nourrissait à mon endroit l'animosité de beaucoup de vieux bureaucrates contre de jeunes gentilshommes. Il me dit avec un petit sourire de dédain : « C'est bien fâcheux, monsieur le référendaire, que vous ne » sachiez pas vous tirer d'affaire. Je vais vous faire voir » comment on s'y prend. » Je me rendis avec lui dans la

outragé des injures qu'il a subies de la part
de son conjoint ». Il va de soi que ce pardon arrête l'effet de la plainte en divorce
portée par le demandeur. Mais comme il
y a des époux qui pardonnent à une minute

salle d'audience. Le cas était le suivant : le mari demandait
le divorce, la femme n'en voulait pas ; le mari l'accusait
d'adultère, la femme, pleurant abondamment, jurait d'un
ton déclamatoire qu'elle était innocente et qu'elle voulait
rester avec son mari malgré les mauvais traitements qu'il
lui infligeait. Prætorius, qui avait un cheveu sur la langue,
dit à la femme : « Mais, ma bonne femme, ne soyez donc
» pas si bête ; qu'est-ce que vous en retirerez ? quand vous
» rentrerez, votre mari vous rouera de coups, vous ne pour-
» rez y tenir longtemps. Dites-donc tout bonnement oui,
» et vous serez du coup débarrassée de votre ivrogne. » La
femme pleurant et criant lui répondit : « Je suis une hon-
» nête femme, je n'accepterai jamais cette tare, je ne veux
» pas être une divorcée ! » Le juge et la femme continuèrent
sur ce ton, et après un certain nombre d'admonestations de
la part de l'un, de répliques de la part de l'autre, Prætorius
se tourna vers moi en disant : « Comme elle ne veut pas
» entendre raison, écrivez, monsieur le référendaire »; et il
me dicta cette phrase qu'aujourd'hui encore je sais par
cœur, tellement grande fut l'impression qu'elle produisit
sur moi : « Après tentative de conciliation et les arguments
» empruntés à la morale et à la religion n'ayant pas pro-
» duit d'effet, il a été donné suite à la procédure dans les
» termes suivants ». Mon chef se leva et me dit : « Retenez
» une fois pour toutes comment on procède, et à l'avenir
» laissez-moi tranquille avec ces histoires-là. » Je l'accom-
pagnai jusqu'à la porte, puis la délibération continua. »

et qui reprennent leur pardon à une autre
— aussi facilement que s'il s'agissait d'une
parole d'honneur, — on a bien été obligé,
dans la pratique, d'entourer la réconciliation
de certaines conditions précises, afin d'empêcher que la comédie ne tournât décidément à l'opérette bouffe.

Labbé définit « le pardon » en ces termes
très élevés :

« Le terme réconciliation se réfère plutôt à un état des âmes et des volontés qu'à
une manière de vivre. La réconciliation
existe, dès qu'à l'hostilité des sentiments
a succédé l'harmonie des volontés... Les
volontés qui s'accordent produisent des effets
notables et irrévocables avant d'avoir été
suivies d'une exécution matérielle. »

En d'autres termes, c'est dans l'âme même
de l'époux outragé qu'il faudrait pouvoir
étudier le pardon, le connaître, dans sa
noblesse ou dans sa fragilité, dans sa sincé-
rité ou sa fourberie. Malheureusement, ce

n'est pas seulement l'âme de l'époux coupable qui échappe à la claire vue du juge, c'est aussi l'âme de l'époux accusateur. On ne peut donc prétendre connaître la réalité ou la vanité du pardon que par des faits extérieurs dont l'appréciation est singulièrement malaisée.

J'ai sincèrement cherché à me former une opinion de la doctrine du Tribunal, sur l'usage moyen qu'il fait de son « appréciation souveraine ». C'est proprement le jeu de la roulette. C'est tantôt rouge qui sort et tantôt noir, tantôt la réconciliation, tantôt le divorce. Les marchands de probabilités vous dupent ; il n'y a pas de système dont les résultats soient un peu fixes : les époux en instance de divorce jouent au hasard.

Dans le sursis, la séparation d'habitation est obligatoire. Comme on ne l'accorde à l'ordinaire qu'à des époux fortunés, le mari peut continuer d'habiter seul la maison conjugale, pendant que la femme va loger ailleurs, dans ce domicile d'attente qui lui a été assigné. Cette séparation de corps facilite un peu au juge consciencieux l'étude des mœurs des époux en instance, sans aboutir toutefois à des certitudes. Mais dans l'antichambre des divorces ordinaires la séparation d'habitation n'est pas obligatoire. Dans la plupart des cas, elle n'est point pratiquée. Il y a d'innombrables occasions où la pauvreté des époux la rendrait impraticable.

Allez donc connaître après cela les mœurs réelles d'un homme et d'une femme sur lesquels, tous les soirs, pendant des mois, se ferme la porte de la promiscuité conjugale !

Si l'un des époux coupables vient dire au juge :

— Mon conjoint m'a pardonné...

S'il cite des faits, des témoignages, et, d'autre part, si l'époux accusateur se défend mordicus d'avoir pardonné, « de cœur comme de bouche, de bouche comme d'actions », que fera le juge ?

Sans doute, il pourra interroger les témoins. Les deux parties ne manqueront pas d'en citer devant lui. Ils conteront une foule d'histoires de linge sale sur lesquelles on comprendra que je n'insiste pas. Le témoin cité par les époux en conflit est presque toujours suspect. Ses affirmations sont dictées par l'intérêt, voire par l'affection. Beaucoup de gens, qui hésiteraient à mentir en d'autres occasions, ne se refusent pas à donner une entorse à la vérité dans les circonstances du divorce. Pourquoi seraient-ils plus sérieux que les juges ou que les parties ? Le magistrat en est réduit à décider d'après les faits en eux-mêmes. Et on constate qu'il fait un usage incertain de son « appréciation souveraine ».

— Messieurs, s'écrie un avocat, on vous trompe quand on vous affirme que mon

client a pardonné à sa femme. Il est vrai
qu'il s'est rencontré deux fois avec elle
pendant la durée de l'instance, mais c'était
sous une porte cochère et pour parler de
questions d'intérêt...

— Quelle heure était-il ?

— Cinq heures et demie du soir...

— Cinq heures et demie du soir ! En
hiver ? C'est la pleine obscurité...

Malgré la porte cochère et la serviette
bourrée de papier timbré que le malheureux
mari avait sous le bras, le Tribunal décide
que l'époux a pardonné : il doit reprendre
l'épouse coupable.

Un autre mari fait surprendre sa femme
en flagrant délit d'adultère. Elle est con-
damnée à six jours d'emprisonnement. Le
pauvre homme s'émeut. Il se contentera du
divorce. Il ne veut pas qu'une femme qu'il
a aimée aille en prison. Il écrit donc au
procureur de la République qu'il souhaite
que la coupable ne subisse pas sa peine.

On fait ce qu'il veut, mais ensuite on lui refuse le divorce. Il s'insurge. On lui apprend que, sans doute, il restait le maître d'arrêter l'effet de la condamnation, mais à cette condition qu'il consentirait à reprendre sa femme.

Cette petite comédie a été jouée à Vitry-le-François en 1887. Avouez que l'on pourrait lui donner pour titre : « les Fantaisies du Divorce ou le Pardonneur malgré lui ». Sans doute, après le prononcé de son jugement, le Tribunal de Vitry-le-François aura débité au malheureux mari, en guise de couplet de la fin, cette délicieuse antienne de l'orateur du Corps législatif qui a fixé les circonstances de la réconciliation :

« Le mari pourra, en reprenant sa femme chez lui, se livrer au plaisir de lui pardonner, et jouira, dans toute sa plénitude, du droit de faire grâce et de resserrer les liens de l'amour par ceux de la reconnaissance. »

Cet optimisme de certains magistrats

devait être exploité par des gens sans scrupules. Il s'est trouvé beaucoup de maris qui
avaient intérêt — un intérêt financier — à
repousser le divorce pour organiser de petits
guet-apens de retour en grâce. On en a vu
qui, dans un cabinet particulier, ont conduit
une femme ressemblant un peu à la leur.
Avant de pousser le verrou, ils lui ont dit
devant le garçon :

— Eh bien, ma chère petite femme !
avoue que nous avions tort de nous battre
à coups de papier timbré? Une partie comme
celle de ce soir ne vaut-elle pas mieux qu'un
vilain divorce ?

Quelques mois plus tard, le garçon,
sommé de reconnaître dans la dame du
cabinet particulier l'épouse en instance de
divorce, reconnaissait toutes les dames que
l'on voulait. Et quand le Tribunal lui demandait avec insistance :

— Mais enfin, êtes-vous bien sûr que ces
époux se sont réconciliés ?

Il répondait, avec la philosophie de son expérience :

— Dame ! ils ont poussé le verrou après les liqueurs.

Je ne dirai rien des épouses plus ou moins adultères qui, au cours d'une visite à l'époux outragé, trouvent moyen de lui faire perdre la tête et prétendent ensuite décorer du nom de pardon une faiblesse plus masculine que virile. L'indulgence un peu excessive des partisans du « pardon quand même » devait déchaîner des représailles dans le clan des adversaires irréconciliables de la réconciliation.

Pour ceux-là, rien ne prouve rien.

Le fait, pour l'époux outragé, de rouvrir le domicile conjugal à l'épouse coupable n'est pas une preuve. Et le fait de cohabiter ? Pas davantage.

« Il ne suffit pas, déclare en juin 1891, le Tribunal civil de Toulouse pour établir la réconciliation, qu'un mari, plaidant en divorce, conduise sa femme dans un hôtel, qu'il y dîne avec elle en tête à tête et que, le dîner fini, il pose un baiser à l'épaule de sa dite femme, sur la demande de celle-ci. »

Au jugement d'autres tribunaux, le fait, pour les époux, d'avoir non seulement habité sous le même toit, mais persisté à dormir dans le même lit pendant la durée de l'instance, n'implique pas que l'époux outragé ait pardonné au coupable. La grossesse même de la femme, survenant à la suite de cette cohabitation, ne démontre rien. Cela peut-être un « hasard malheureux », un « vertige ».

« Les relations intimes qui n'ont qu'un caractère accidentel ne comportent pas, de la part de l'un des deux époux, une pleine liberté d'action. Elles n'entraînent pas nécessairement la réconciliation. »

Je m'arrête.

La parole est aux domestiques chassés, aux blanchisseurs, aux dégraisseurs, aux garçons de café, à cette femme de chambre que madame a surprise dans les bras de monsieur et qu'elle peut conserver à son service sans qu'une telle indulgence implique la réconciliation avec le coupable...

La matrone de l'antique « congrès » n'est pas loin. Elle fourbit ses lunettes; nous la verrons revenir au bras de quelque Jean Bouhier, moderne président à mortier, jurisconsulte éminent et, — tout autant que son aïeul, — amateur des causes de « haulte gresse ».

X

LES RECHUTES

Les faiseurs d'évangiles apocryphes content cette parabole :

Un jour, le Christ, suivi par une foule nombreuse, enseignait dans les rues de Jérusalem. Soudain, il s'aperçut que l'attention de tous se détachait de lui. Elle se tournait vers un groupe qui, en sens inverse, descendait la rue Sainte. Il regarda de ce côté-là. Au milieu d'un essaim de jeunes gens, il aperçut une femme. C'était une courtisane: ses nombreux amants l'accompagnaient par la ville, dans un délire de fête, avec des chants et des acclamations.

Jésus s'avança d'un pas rapide vers ce groupe de voluptueux. Il les écarta presque rudement ; sur l'épaule de la femme il posa sa main divine. Elle tourna la tête. Et, l'un devant l'autre, le Fils de l'Homme et la Fille du Désir, ils demeurèrent foudroyés :

— Madeleine, dit Jésus avec un douloureux reproche, Madeleine, c'est donc vous que je retrouve ?...

L'adultère était tombée à genoux. Elle soupira d'une voix presque indistincte :

— Seigneur... Qu'est-ce que vous voulez que je fasse ?... Vous m'avez pardonné... Je recommence...

Il m'a paru que cette pieuse légende servirait très lumineusement d'épigraphe à cette suite de l'histoire du « pardon » qui s'appelle les « rechutes ».

Dans la langue du divorce, on dit : « les faits nouveaux ».

— La réconciliation, m'apprend mon maître de procédure, éteint l'action. Toutefois, s'il survient de nouveaux griefs depuis la réconciliation, le demandeur peut faire revivre les anciennes causes à l'appui de sa nouvelle demande. *Le pardon de l'époux offensé est* CONDITIONNEL.

Je souligne ce mot conditionnel ; il mérite, en effet, qu'on l'observe à la loupe, qu'on le pèse, qu'on le décrive.

Un nombre de Français, beaucoup plus considérable qu'on ne croit, continuent à murmurer une prière fort ancienne où est enchâssée cette supplication :

« Pardonnez-nous nos offenses comme nous pardonnons à ceux qui nous ont offensés. »

Cela, c'est le pardon chrétien. Je suis sûr de n'être pas en contradiction avec la doctrine des églises chrétiennes en affirmant que ce pardon est sans condition, absolu. L'homme qui prie demande à Dieu de plonger dans un oubli définitif toutes ses fautes passées ; il promet d'en user de même à l'égard de ceux qui lui ont fait injure. Si le pardon n'est pas cette destruction totale de la rancune (sinon dans la mémoire, du moins dans le cœur de celui qui absout), il n'est rien, — rien qu'une comédie, un hypocrite mensonge.

C'est sous cette dernière forme que le divorce l'a conçu.

— Eh ! monsieur, dit, à nos côtés, un homme de bon sens, vous avez mille fois raison. Le pardon doit être absolu, cela est entendu. Mais nous ne sommes que des hommes ! Il faut, dans la pratique, nous passer quelques faiblesses. Voici donc un pauvre mari qui a surpris sa femme en adultère. Dans le premier fracas de la colère, il a décidé qu'il la rejetterait loin de lui. Mais les jours passent. Il s'attendrit. Il renonce au divorce. Il avertit le magistrat qu'il s'est réconcilié. La femme se remet de cette rude alerte. Elle se dit, comme la

Madeleine de votre évangile apocryphe : « Il m'a pardonné... pourquoi est-ce que je ne recommencerais pas? » Donc elle redevient coquette, galante... Son mari lui prend dans la poche un billet de rendez-vous. N'est-il pas juste que ce « fait nouveau » fasse revivre l'« injure ancienne » ? que l'obstination de cette coquine dans son inconduite efface le pardon qu'on lui avait accordé à la condition qu'elle ne recommencerait pas? Faut-il que le pauvre mari attende d'être ridicule une seconde fois, pour se plaindre, avec quelque chance d'en être délivré, d'une femme si entreprenante? Le législateur n'a-t-il pas agi avec beaucoup de bon sens quand il a décidé que le fait nouveau effacerait les effets du pardon, qu'il raviverait l'injure ancienne?

Nous ne confondons pas le ciel avec la terre, le divin avec l'humain, l'idéal avec la pratique. Si « fait nouveau » signifiait « rechute dans la même faute », il faudrait bien convenir que l'on est devant un coupable impénitent et qui s'est rendu indigne de l'indulgence. Mais telle n'est pas la discipline du divorce! Dans sa doctrine du pardon conditionnel, *n'importe quel grief fait ressusciter l'injure ancienne.* Une gifle (vous lisez bien) ravive un adultère; un propos de colère, sans grande conséquence, échappé à l'énervement, rend son venin à une injure grave. Et comment ces petits conflits de paroles ne se produiraient-ils pas dans l'intimité d'époux qui, entre eux, ont le souvenir d'un péché et d'un pardon ?

Rappelez-vous le ménage Krampach dans *Le plus heureux des trois*. La femme a commis une faute avant son mariage. Le mari l'a épousée en connaissance de cause. Il a pardonné. Mais il n'oublie pas. Il entend que la coupable expie. Lorsque le couple, fatigué d'une longue route, rencontre une seule chaise, c'est Krampach qui la prend :

— Lisbeth restera debout, déclare-t-il

avec emphase. C'est la position qui convient à une femme qui a fait des turlutaines...

Et quand Lisbeth s'écrie, en larmes :

— Tu m'avais promis que tu n'en parlerais jamais !...

Du haut de son pardon, Krampach riposte avec solennité :

— Je l'ai juré !... Mais je peux bien dire la chose à ceux qui ne la savent pas...

Voilà la vérité prise sur le vif. L'humanité veut que l'on permette à Krampach de rappeler, de temps en temps, à Lisbeth qu'il lui a pardonné, et qu'au prix de cette humiliation Lisbeth ait l'absolution définitive. L'idée du pardon conditionnel est monstrueuse. C'est une invention de juge qui n'admet pas qu'on se passe de lui et nie décidément ces raisons du cœur que sa raison ne comprend pas.

Ceci d'ailleurs accroît la stupéfaction d'un spectateur impartial : dans le temps même où le Tribunal montre tant de scepticisme sur le chapitre du pardon, il prétend donner une valeur absolue aux réconciliations qu'il a imposées ! Or, cela est évident, ces réconciliations juridiques, qui paraissent si « souhaitables » au législateur, sont, dans la réalité, la plus déplorable des solutions. En effet, quand deux époux plaident l'un contre l'autre, celui qui oppose la réconciliation a un intérêt visible à ce que le divorce ne soit pas prononcé. Il émeut le juge par son éloquence s'il est un homme, par ses bonnes grâces s'il est une jolie femme, et il affirme :

— Je vais vous démontrer que je me suis réconcilié avec mon conjoint. Mon conjoint se trompe ou il ment, quand il affirme le contraire.

Et le juge écoute. Il pèse les arguments qu'on lui donne, gravement, comme si la certitude de la réconciliation, la vraie, celle des cœurs, pouvait sortir d'une démonstration bien conduite ! C'est pour le coup que l'on peut qualifier de « comédies » ces réconciliations de prétoire! Un des deux époux sort du Tribunal, persuadé qu'il a perdu son procès. Il est monté contre le juge, mais il en veut aussi à son conjoint, — un peu plus qu'avant.

Quelle sera, je vous le demande, en face l'un de l'autre, l'attitude de ces deux époux réconciliés malgré eux?

S'ils avaient voulu se pardonner sincèrement, ils n'avaient pas besoin du Tribunal. Leur situation est plus mauvaise qu'avant son intervention. Ces gens ne sont pas réconciliés; *ils ont été condamnés à se réconcilier*, ce qui est bien différent.

Supposons que l'époux récalcitrant rentre au domicile conjugal après cette aventure; il n'aura plus qu'une préoccupation : provoquer un « fait nouveau » qui lui permette de recommencer son instance.

Mais s'il ne se soumet pas?

S'il refuse de rentrer au domicile conjugal?

La situation est déplorable. Que fera, en

effet, l'époux qui était décidé à se réconcilier ? Obligera-t-il, *manu militari* (soit par l'intervention du commissaire de police), l'époux qui ne veut pas se réconcilier à réintégrer le domicile conjugal ?

On prévoit que cet époux-là entrera par une porte et qu'il sortira par l'autre. Car la séquestration est interdite : il faut laisser les clefs sur les serrures. Et le lendemain, quand on ira de nouveau solliciter l'intervention du commissaire de police, il refusera de se mettre en route.

L'état d'exaspération que provoquent ces réconciliations sur le papier s'exalte dans des violences aussi comiques que douloureuses.

Une malheureuse femme, réconciliée malgré elle avec son mari, — lequel a tout intérêt à refuser le divorce, — se demande comment elle pourra produire un fait nouveau. Il lui faut des témoins. Quelle que soit son indignation, elle ne peut se résoudre à commettre un adultère sur la voie publique. Elle imagine donc de tomber sur son mari à coups d'ombrelle. Elle le rosse, si magistralement, que la foule s'assemble. Les agents interviennent, ils conduisent le couple au commissariat de police. Là, la mégère malgré elle montre le visage de son mari tout égratigné, et elle s'écrie :

— J'espère que voilà un fait nouveau ?... On ne pourra plus venir me dire que nous sommes réconciliés !...

Mais le mari, — pour les raisons d'argent susdites, — tient mordicus à sa réconciliation. Il répond avec un sourire :

— Pardon, ma chère amie ! Il n'y a pas de fait nouveau ! Moi seul aurais le droit d'en produire un, et je m'en garde. Je suis battu, mais très content. Je considère ces coups d'ombrelle comme une marque précieuse de votre affection. Évidemment, vous êtes jalouse ? Dans ces conditions, vos emportements me sont un régal...

Devant ces résultats, qui certainement

vont contre la volonté bienveillante du législateur, nous espérons, vous et moi, trouver une jurisprudence « du fait nouveau », qui, par sa fixité, donnerait quelques garanties aux malheureux époux engagés dans la voie du divorce. Certes, le juge aurait pu la créer, cette jurisprudence, car il n'y a pas de matière où sa souveraineté d'appréciation s'exerce plus absolument.

Malheureusement, cet arbitraire a des conséquences décidément désopilantes :

Un époux a pardonné des faits d'adultère. Postérieurement à ce pardon, il découvre une correspondance. Elle est relative à ces faits, antérieure au pardon. *La Cour de Bordeaux décide que cette découverte est un fait nouveau.* Elle le déclare suffisant pour faire revivre l'adultère pardonné.

Encore si elle montrait quelque humanité dans ses considérants !

Si elle disait :

— Il faut faire une juste part à la douleur

de ce mari. Il avait espéré que sa femme était moins coupable, au moins d'intention. D'ailleurs, le fait d'avoir conservé, après le pardon, une correspondance que peut-être on relisait avec plaisir est une nouvelle offense dont la femme s'est rendue coupable envers son indulgent mari.

Cette thèse pourrait se défendre; mais l'arrêt n'y fait pas allusion. C'est la correspondance *elle-même* qui forme, *à elle seule*, un véritable délit, une violation des mœurs et de l'autorité maritale ». Elle constitue « un fait nouveau », suffisant pour réintégrer le mari dans tous ses droits, « pour faire revivre les faits anciens, tout couverts qu'ils sont par un pardon et une réconciliation antérieure ».

Cela nous semble absurde, à nous autres profanes, mais enfin c'est une opinion nette. Alors, comment se fait-il que le Tribunal de Compiègne puisse imposer à des époux la doctrine qu'on va lire ?

« Lorsqu'un mari qui a surpris sa femme

en flagrant délit lui a pardonné peu après, lorsqu'il a repris avec sa femme la vie commune au domicile conjugal, il ne peut ultérieurement intenter contre elle une action en divorce, fondée sur ce fait que ladite femme lui aurait révélé, trop tardivement, son état de grossesse. On ne saurait voir, dans cette dissimulation, une injure nouvelle. »

Telle est la doctrine, l'accord touchant des Cours en matière de « faits nouveaux ».

A Bordeaux, après avoir pardonné à votre femme adultère, vous trouvez, dans le tiroir de son secrétaire, une vieille correspondance amoureuse :

C'est un fait nouveau.

A Compiègne, — dans des conditions identiques, — vous lui découvrez un enfant dans la ceinture :

Ce n'est pas un fait nouveau.

Tirez-vous de là.

XI

LE REMARIAGE

De toutes les réconciliations qui peuvent intervenir entre deux époux brouillés par le divorce, la plus éblouissante est certainement le remariage. Comme j'aurais voulu découvrir une statistique un peu exacte de ce phénomène psychologique ! Malheureusement, on ne l'a pas dressée. Il faut nous contenter de savoir :

1° Que le remariage a été prévu par le législateur ;

2° Qu'il est permis dans certains cas ;

3° Qu'il est interdit dans certains autres ;

4° Qu'il est assigné comme dernière limite aux expériences matrimoniales que seraient tentés de poursuivre indéfiniment les époux inquiets.

Je demande la permission de reproduire une citation de Montesquieu qui a déjà figuré plus haut :

« La loi des Maldives, dit cet auteur, permet de reprendre une femme qu'on a répudiée. La loi du Mexique défendait de se réunir sous peine de la vie. La loi du Mexique était plus sensée que celle des Maldives : dans le temps même de la dissolution, elle songeait à l'éternité du mariage ; au lieu que la loi des Maldives semble se jouer également du mariage et de la répudiation. »

Si Montesquieu a raison, le jour où le législateur maldivien prépara la jurisprudence sur laquelle nos honorables devaient s'appuyer plus tard, il marqua par cette

excessive indulgence qu'il confondait le mariage et le divorce dans un même mépris.
Il voulut établir qu'il ne croyait pas plus à
l'efficacité du remède qu'à la gravité du mal;
et s'il ne conseilla pas, tout simplement,
comme Diderot, de pratiquer le mariage
d'Otahiti, « lequel souvent ne dure qu'un
quart d'heure », c'est qu'un magistrat, même
maldivien, n'oublie jamais tout à fait qu'il
vit de la forme. Or, plus les marchands de
coco de son pays divorcent et se remarient,
plus le démarieur et le remarieur ont eux-
mêmes des chances de prospérer.

Montesquieu était un esprit très hardi :
il ne ménageait personne. Je me sens plus
timide. Je n'affirmerai donc pas après lui
qu'en permettant le remariage, nos législateurs ont témoigné qu' « ils se jouaient également du mariage et de la répudiation »,
Avec cette réserve, il faut reconnaître que
leur tolérance nous a valu des mœurs de
divorce qui nous placent plus bas que les

Aztèques, au niveau des naturels de Colomandous.

On n'apprendra pas sans quelque étonnement que le texte qui permet le remariage entre époux divorcés fut introduit dans la loi à la suite d'une retentissante conférence donnée par le Père Didon à Notre-Dame. Je n'y assistais point, mais il est facile d'en deviner l'esprit et les tendances.

En sa qualité de défenseur de l'Église, le Père Didon haïssait le divorce. Il a été enchanté de lui porter dans le flanc un coup de lance. Il l'a senti. Le remariage entre époux enlève au divorce toute dignité, il en fait un succédané de la séparation de corps, il jette du discrédit sur le mariage civil que l'on peut nouer ou dénouer à son gré ; il est, au contraire, un triomphe pour l'Église. En effet, tandis qu'un nouveau maire est dans la nécessité de prononcer un second mariage, l'Église s'en tient à sa première et unique bénédiction. Ce jour-là, à l'affirmation divine d'un principe elle a la satisfaction d'ajouter le vœu des cœurs, reconnaissant qu'un bonheur élevé, durable, n'est possible que dans l'amour unique.

D'ailleurs en même temps qu'il songeait à défendre la doctrine, le Père Didon plaidait pour ces âmes dont l'Église a charge. Il ne voulait pas qu'une disposition de loi fermât aux époux la route du repentir. Il ne fallait point que, sous l'œil paternel de l'Église, approuvant et bénissant leur rapprochement, ils vécussent, aux yeux de la loi, dans l'illégalité, eux et les enfants qui seraient sortis de leur mutuel pardon.

Le remariage est donc possible dans deux cas :

Quand les époux divorcés sont demeurés l'un et l'autre libres après le divorce;

Quand l'un des époux est devenu veuf après un nouveau mariage.

La loi est muette sur le cas de deux époux, remariés chacun de son côté, et devenus veufs l'un comme l'autre. Mais il est à croire qu'elle accorderait aux deux parties ce que, dès aujourd'hui, elle concède à une seule.

On se remarie donc pour le plus grand triomphe de l'Église qui, de toutes ses forces, proclame le dogme de l'indissolubilité, — et pour la plus grande confusion du législateur qui avait affirmé le contraire.

Il y a un cas, défini très nettement et très justement par la loi, où le remariage est impossible :

« Les époux divorcés, dit l'article 295, ne pourront plus se réunir si, postérieurement au divorce, l'un ou l'autre a contracté un nouveau mariage suivi d'un second divorce. »

Cette disposition marque que, dans le temps même où il permettait le remariage, le législateur s'est bien aperçu que le divorce en était diminué d'autant. Peut-être même a-t-il voulu parer à la botte secrète que lui portait l'Église. Beaucoup d'influences peuvent se mettre en jeu pour circonvenir l'époux

divorcé et remarié ; on effraie une femme
pieuse en lui démontrant qu'aux yeux de la
religion, sa vie n'est qu'un adultère ; on peut
agir sur l'homme par d'autres moyens, par
exemple en faisant jouer l'intérêt.

— Dans ces cas-là, s'est dit le législateur,
ce sera l'Église elle-même qui poussera les
divorcés remariés à solliciter un second divorce. Et s'ils lui cèdent ? S'ils l'obtiennent ?
S'ils retournent au premier mariage ? La loi
aura été bafouée, le mariage civil sera tout
à fait déconsidéré.

L'interdiction de se réunir à un époux
divorcé, après un second mariage et un second divorce, a une utilité plus générale et
plus pratique. Il ne fallait pas que le divorce
servît à des époux peu scrupuleux et trop
d'accord pour sortir de situations financières
embarrassées, pour duper leurs créanciers,
pour transformer à leur profit, aux dépens
des autres, la forme et le fond de leurs
affaires. Enfin, le législateur a jugé qu'on

devait se méfier grandement d'un époux qui a déjà deux divorces à son actif. Le principe même sur lequel est fondé le divorce empêche qu'on ne limite le nombre des expériences qu'un sujet épris du mariage et difficile à contenter peut risquer au cours de sa vie, mais on a estimé que cet inconstant n'avait aucune chance d'être heureux dans le remariage avec sa première femme, après qu'il n'avait pas pu s'accorder avec la seconde. *Non bis in idem*, dit une loi fort sage. Comme on était bien décidé à rendre le remariage indissoluble, on ne voulait pas enfermer dans cette cage à loup une brebis qui déjà y avait perdu de la laine. Une troisième victime, à la bonne heure !

J'avoue que la quatrième disposition de l'article 295 choque tous mes instincts de logique.

Il y est dit :

« Après la réunion des époux (entendez le remariage), il ne sera reçu de leur part aucune nouvelle demande de divorce pour quelque cause que ce soit, autre que celle d'une condamnation à une peine afflictive ou infamante, prononcée contre l'un des deux, depuis leur réunion. »

J'entends bien que le législateur n'a point voulu reconnaître l'incompatibilité d'humeur comme une cause de divorce. Il prétend que d'anciens époux, remariés ensemble après l'épreuve de la séparation, ne peuvent invoquer qu'il y a eu surprise, erreur sur la personne. Et, pour refuser le redivorce à ces époux remariés, on s'abrite derrière l'indignation sincère que le Conseil des Cinq-Cents témoigna pour l'incompatibilité d'humeur.

« Il serait difficile d'imaginer, disait en effet Régnaut de l'Orne, combien cette cause de divorce favorise la légèreté et l'inconduite des époux, combien elle les excite au libertinage et à la débauche et contribue à la corruption des mœurs. Qu'y a-t-il de plus immoral que de permettre à l'homme de changer de femme comme d'habit, et à la femme à changer de mari comme de chapeau? N'est-ce pas porter atteinte à la dignité du mariage? N'est-ce pas en faire le jouet du caprice et de la légèreté, et le changer en concubinages successifs? »

Que les partisans du mariage indissoluble approuvent de telles paroles, on le conçoit; mais on ne voit pas bien comment les défenseurs du divorce ont pu s'en couvrir pour interdire le redivorce après le remariage. Il faut être d'accord avec ses principes et, quand on les croit justes, accepter toutes leurs conséquences, voire les plus fâcheuses. Les partisans du mariage indissoluble n'ignorent pas qu'une décision si absolue peut causer beaucoup de douleurs, broyer des victimes innocentes. Les partisans du divorce, de la liberté, du contrat dissoluble n'ont pas le droit de mettre une limite à cette liberté, du moins dans l'ordre du sentiment et des griefs tout à fait personnels que les époux peuvent arguer l'un contre l'autre.

Pourquoi le mariage serait-il dissoluble et le remariage indissoluble ?

Les arguments que l'on a fait valoir pour accorder le premier divorce valent la seconde fois. Une première erreur ne nous protège pas nécessairement d'une seconde. Éloignés l'un de l'autre, les gens peuvent espérer qu'ils se feront des concessions d'où naîtra la paix. Ils se réunissent, et la guerre reprend.

Et ceci est le cas de la bonne foi. Mais quand il y a tromperie, piège — du fait de l'une des deux parties ?

J'ai reçu, tandis que j'écrivais ces pages, la visite d'une jeune divorcée remariée. Elle avait rompu, pour sauver sa santé, sa raison, sa fortune, des mains d'un époux indigne. Le coupable, qu'elle aimait peut-être malgré tout, a feint de s'amender. Il a donné après le divorce des gages hypocrites de sa contrition. Celle qui ne le haïssait pas encore s'est laissée attendrir. On est retourné devant le maire. Le lendemain même du remariage, le tartufe a jeté son masque. Il ne se contente plus de violences légères : il a pris un bâton ; il a expliqué à celle qui maintenant le déteste qu'il lui fera payer le scandale de son divorce. Elle ne doit s'attendre à aucun ménagement, à présent qu'elle n'a plus de recours.

De quel droit le législateur, qui a créé le divorce, verrouille-t-il la porte par où cette femme pourrait s'échapper de son remariage, éviter le désespoir qui la guette ?

Je le sais, les partisans du divorce me répondront avec l'accent du triomphe :

— Vous reconnaissez donc que le divorce est nécessaire, puisque vous le réclamez après le second mariage pour cette intéressante victime ?

Je réponds sans embarras :

— Les prudentes réflexions que le législateur veut que l'époux fasse au seuil du second mariage, je les exige, moi, à l'entrée du premier. Je les veux si sages, si conscientes, si entourées de garanties qu'elles rendent les chances de totale erreur infiniment rares. Je demande que le goût et la tendresse tiennent dans les décisions cette place prépondérante que l'on accorde à l'argent. Et, après cela, avec tous ses risques, j'accepte le mariage indissoluble. Mais du moment qu'il y a licence de divorce, de l'heure où le contrat peut être rompu autant de fois qu'il plaira à un mari de battre sa nouvelle femme, autant de fois qu'il plaît à une épouse nouvelle de tromper un mari trop niais, je me demande de quel droit le législateur a déclaré indissoluble le remariage entre époux.

Et, une fois de plus, je touche ici du doigt cet arbitraire qui est la tare de notre loi sur le divorce et qui la fera caduque.

XII

LA BIBLE ET LE DIVORCE

L'intervention de l'Église catholique en faveur du remariage nous conduit tout naturellement à examiner le divorce au point de vue religieux. C'est une nécessité à laquelle on ne peut se soustraire. Les lois religieuses sont une émanation de la conscience morale des peuples. Elles précèdent les lois civiles; pour une large part, elles les inspirent.

L'opinion qu'Israël s'est anciennement formée du divorce est donc, pour nous autres

Français, particulièrement intéressante à préciser. Au moment même où s'élaborait notre Code civil, on a vu Napoléon Ier justifier son divorce avec Joséphine en s'appuyant sur cette disposition de l'Ancien Testament : « Le mari est obligé de répudier sa femme, lorsqu'il a vécu pendant dix ans avec elle sans en obtenir d'enfant. »

On remarquera, d'autre part, que le divorce nous a été rapporté, comme cela était logique, par un israélite, M. Naquet. En effet, quand les juifs ont vu, au début du siècle, que l'exemple donné par la France allait être suivi par d'autres nations, et que, après tant de siècles de persécution, il leur serait loisible de devenir des citoyens des États où ils s'étaient fixés, spontanément ils ont renoncé aux lois religieuses particulières qui les auraient mis en opposition ouverte avec les lois civiles de leurs patries d'adoption.

C'est ainsi qu'un synode juif, tenu à Worms en 1830, a interdit en occident la polygamie, sous peine d'excommunication. Je dis « en occident », car cette mesure n'a pas d'effet dans les pays orientaux. On ignore trop en France, par exemple, que le décret Crémieux surprit les juifs algériens dans l'état polygamique. La qualité de citoyens français, qu'on leur imposait sans qu'ils l'eussent souhaitée, les mettait dans la nécessité de répudier sur l'heure toutes leurs femmes, excepté une. Ce fut pour beaucoup d'entre eux une occasion de chagrin et de dommage.

En tant qu'il est oriental, Israël répugne à la monogamie. La maturité précoce des corps féminins est suivie dans sa race d'une prompte déchéance. Il professe donc à cet égard (et pour les mêmes raisons) les opinions du musulman. Il estime que l'homme a besoin de trouver sur sa route quelques relais de jeunesse et de grâce féminine.

Après cela on conçoit que dans tous les pays qu'il a habités, Israël ait souhaité voir rétablir le divorce, comme une soupape à la monogamie. En effet, par une très sage mesure, le Sanhédrin de Paris, tenu sous le règne de Napoléon Ier, a ordonné aux juifs qui veulent divorcer de se conformer aux lois civiles. Le rabbin ne peut prononcer le divorce religieux qu'après présentation du jugement émanant de l'autorité compétente. De la sorte, s'il habite un pays où le divorce n'est pas inscrit dans la loi civile, l'israélite est condamné au mariage indissoluble.

Cela est contraire à ses instincts, et par conséquent à sa loi religieuse. J'ai déjà indiqué le motif qui vient de la précoce maturité des corps. Il y en a un autre, je l'ai touché du doigt dans la vie du Désert, il n'a rien à voir avec les fantaisies sensuelles de l'époux.

La vie pastorale est, en effet, une vie d'isolement. Le Mahomed qui habite sous la tente de peau de chèvre est placé dans des conditions bien pareilles à celles où vécut jadis l'antique Abraham. Il n'a pas de boutiques dans son entourage. Il faut que tout ce qui est nécessaire à la vie soit fabriqué dans sa tente. Or, la femme qui a l'enfant au sein ne peut pas apprêter la nourriture; celle qui allume le feu et qui fait cuire les aliments ne peut pas tisser les couvertures, filer les vêtements, dont ces isolés s'habilleront. La polygamie est une suite nécessaire de la vie pastorale, car il est contraire au bon sens d'admettre que l'homme vivra dans l'étroite promiscuité de la tente, avec une femme et plusieurs servantes, sans que ces servantes — telle Agar — deviennent nécessairement ses concubines.

Tous les législateurs des peuples pasteurs ont aperçu ces conséquences de la vie d'isolement. Ils ont préféré régler la situation par des mariages réguliers et assigner à chaque épouse des droits particuliers, des devoirs spéciaux.

D'autre part, ce n'est pas faire preuve de misogynie que dire :

— Le divorce est une conséquence indispensable de la polygamie.

En effet, l'exclamation :

« Cette femme était la malédiction de ma tente ! »

Est une de celles que l'on recueille le plus fréquemment dans les plaintes du musulman en instance de divorce.

Il faut faire la part de l'exaspération à laquelle se monte aisément un homme de solitude, entouré de plusieurs femmes, et que rien ne vient distraire de ses chagrins. Tenez pour certain que si on ne lui permettait pas de pousser à la porte de sa demeure la femme qui, pour lui et pour ses autres épouses, est une cause de trouble, il finirait par la tuer, dans un transport de colère.

Au début de son existence historique, Israël a connu ces fatalités et il en a usé exactement comme le musulman saharien. On lit en effet dans la loi mosaïque :

« Si un homme, après avoir épousé une

femme et vécu avec elle, en conçoit ensuite du dégoût à cause de quelque défaut honteux, il fera un écrit de divorce, et l'ayant mis entre les mains de cette femme, il la renverra hors de sa maison. » (Chapitre xxiv, 1),

Les formalités étaient, comme on le voit, les plus simples du monde : la femme n'avait pas à donner son consentement; le mari lui remettait un « exeat », libellé en bonne forme, afin qu'elle pût se marier, par la suite, avec un autre.

Une seule précaution est exigée par le Deutéronome :

« Deux témoins mâles et hébreux doivent assister à l'expulsion de la femme. »

Il n'y avait dans tout cela aucune intervention nécessaire du rabbin faisant fonction d'officier de l'état civil. Mais, dans la pratique, très peu d'israélites savaient écrire. Incapables qu'ils étaient de rédiger eux-mêmes la fameuse lettre de divorce, ils étaient obligés de venir s'adresser à l'homme lettré, c'est-à-dire au rabbin, pour qu'il l'écrivît en leur nom. Et si celui-ci était un homme vertueux, il avait beau jeu (comme le fit souvent le grand prêtre Aaron) pour tenter de réconcilier les maris et les femmes qui venaient recourir à son ministère.

M. Henri Coulon a publié la très curieuse formule que les scribes avaient à remplir :

« En telle semaine, tel mois, telle année de la création du monde, selon la manière de compter en cette ville de... située sur le fleuve de..., moi qui suis du pays de..., fils de un tel, du pays de..., je me suis déterminé de mon plein gré, et sans y être contraint par personne, à répudier, et j'ai en effet répudié, renvoyé et mis hors de ma maison, vous, vous, dis-je, vous ma femme (ici le nom), du pays de... fille de un tel, consentant que vous emportiez tout ce qui est à vous et que vous épousiez tel autre que vous voudrez. »

Au nombre des défauts « honteux » que
le mari pouvait découvrir dans sa femme,
il y en avait de tout à fait répréhensibles.
C'était, par ordre de dates, l'inconduite antérieure du mariage, tardivement constatée
par le mari au soir même de ses noces. En
ce cas, le divorce était de droit. Il devenait
une nécessité religieuse quand la femme
était convaincue d'adultère, quand dix
années de mariage avaient démontré sa
stérilité, quand elle venait à être atteinte de
quelque maladie inguérissable, telles la
lèpre et l'épilepsie.

Remarquons en passant qu'Israël prend
très au sérieux la promesse qui lui a été
faite de voir sa race se multiplier comme les
étoiles du ciel. Préoccupé qu'il est de cette
royauté future, il se montre impitoyable
pour qui n'est pas sain et pour qui n'est
pas fécond.

Ces préoccupations, bien que cruelles,
avaient de la grandeur. Malheureusement,

dans la pratique, on ne se maintenait pas sur ces sommets. Au nombre des défauts « honteux » qui, d'après les disciples d'Hillel, permettent au mari de répudier sa femme, sans autre forme de procès, on cite la fâcheuse habitude de « faire trop cuire les mets préparés pour l'époux ». Enfin, cette mesure, — grosse de conséquences, — dont Akiba, qui mourut sous Adrien, endosse la responsabilité :

« Le mari a le droit d'abandonner sa femme *dès qu'il en trouve une autre plus belle et qu'il désire épouser.* »

Il était naturel que les vieilles nécessités de la vie pastorale, qui avaient légitimé la vie polygamique, aboutissent à des abus de sensualité et de corruption, le jour où la vie nomade ne leur servirait plus d'excuse.

Les prophètes d'Israël — si supérieurs à leurs ouailles — devaient s'émouvoir de ces facilités sensuelles. Ils ont pris très éloquemment, très poétiquement, et, à ce qu'il semble, assez vainement, la défense de cette femme répudiée que l'on renvoie parce que la maternité et le travail ont flétri sa beauté. Ils cherchent à toucher la pitié de l'homme en faveur de celle qu'avec une grâce émouvante ils nomment « la femme de la jeunesse. »

« Jéhovah, dit Malachie, est témoin entre toi et la femme de ta jeunesse. Tu lui as été infidèle et elle est la compagne et la femme de ton alliance. Ne sois pas infidèle à la femme de ta jeunesse; car Jéhovah, le Dieu d'Israël, hait la répudiation. »

Salomon, ce grand amoureux, ce grand infidèle, se lamente, dans le fond de son sérail, sur la faiblesse qu'il a eue de ne point s'attacher à une seule femme et pour toujours :

« Réjouis-toi, mon fils, dit-il, avec la femme de ta jeunesse, cette biche des amours, cette gazelle pleine de grâce ! Que ses charmes t'enivrent dans tous les temps !

Que son amour te transporte toujours !
Pourquoi donc t'éprendre d'une étrangère et
prodiguer tes caresses à une inconnue ? »

Il me semble que j'entends l'homme au
cœur dur riposter, avec son instinct pratique :

— Hé ! grand roi ! il vous plaît à dire !
Biche !... gazelle !... Nos biches sont coriaces
et la chassie est entrée dans l'œil de nos
gazelles...

— N'importe ! conclut brutalement le
célèbre rabbin Ben-Sira. Rongez l'os qui
vous est tombé.

Je voulais seulement constater ceci : quand
M. Naquet s'est entêté à ressusciter chez
nous une loi qui choquait les idées religieuses de tous les catholiques français, il
a été en contradiction avec ce qu'il y a
de plus élevé dans la doctrine d'Israël. Par
contre, il était merveilleusement d'accord
avec l'obscur mépris que l'oriental professe
pour la femme.

Je me souviens, en effet, d'avoir assisté, au mois de février 1889, dans la salle de l'Ermitage, à une représentation théâtrale donnée en « patois juif » par une compagnie de comédiens juifs qui arrivaient de Pologne. Le spectacle était pour le moins aussi curieux dans la salle que sur la scène. On se serait cru transporté aux frontières de la Russie, de l'Allemagne et de l'Autriche, dans ce carrefour qui fut la vieille foire moyen-âgeuse entre l'Orient et l'Occident.

Les acteurs jouaient, avec une supériorité singulière, une pièce qui avait du mou-vement, de la vérité et de la vie. Soudain, un éclat de rire formidable, terrifiant, quelque chose comme un cri de joie, souleva la salle.

Je me fis traduire, par un juif russe, mon voisin, la boutade qui avait soulevé tant de prodigieuses gaietés.

Le jeune premier venait de lancer par-dessus la rampe ce propos d'une galanterie

douteuse, où paraissait se résumer sa philosophie donjuanesque, et celle de l'auditoire
avec la sienne :

— Une femme ou un morceau de viande,
c'est la même chose !

XIII

L'ÉVANGILE ET LE DIVORCE

Un petit nombre de textes, extraits de l'Évangile, posent, pour le monde chrétien, la question du divorce ou du mariage indissoluble.

C'est tout d'abord ce fragment de saint Mathieu :

« Les pharisiens avaient demandé au Christ si, dans la loi nouvelle qu'il leur apportait, « il était permis de répudier sa femme ».

» Jésus répondit :

» — C'est à cause de la dureté de votre cœur que Moïse vous a permis de renvoyer vos femmes; mais cela n'a pas été ainsi depuis le commencement. Aussi je vous déclare que quiconque renvoie sa femme *si ce n'est pour cause d'inconduite*, et en épouse une autre, commet un adultère. »

Jésus songeait à cette disposition de la loi mosaïque qui fait un devoir à l'époux trompé de se débarrasser de sa femme et, dans ce cas précis, lui permet de contracter un nouveau mariage. Il est possible qu'il n'ait pas voulu heurter de face des adversaires aussi redoutables que les pharisiens. Il est encore plus vraisemblable que saint Mathieu, — très attaché à la doctrine mosaïque, — a ici développé la parole du Maître dans le sens de son instinct personnel.

A supposer, dans tous les cas, que cette parole laisse subsister quelque ambiguïté, nous possédons d'autres textes dont elle est bannie.

La parole : « On ne sépare pas ce que Dieu a uni » a un caractère absolu. Elle exclut tout compromis de divorce.

De même, saint Marc et saint Luc font dire à Jésus, avec une décision bien nette :

— Quiconque renvoie sa femme et en épouse une autre est adultère.

On trouve en feuilletant les commentateurs des explications merveilleusement ingénieuses, qui éclairent d'une lumière imprévue cette apparente contradiction. C'est ainsi que C.-F. Brœunig, qui, en sa qualité de théologien protestant, tient pour le divorce, n'est nullement embarrassé par la parole :

« On ne sépare pas ce que Dieu a uni. »

— Deux époux, dit-il en substance, ne sont pas une seule chair. Chacun d'eux a sa voie. Dans le principe, leurs cœurs n'ont pas été faits l'un pour l'autre. Et c'est pour cette raison qu'ils se détournent l'un de l'autre. Dieu ne les a pas unis ; leur union est leur œuvre à eux. Or, ce que Dieu n'a pas uni ne peut tenir. Et ce que les hommes ont uni, un tribunal humain peut le désunir.

Ah ! qu'ils ont raison les instituteurs de religions qui se refusent à écrire eux-mêmes leurs lois ! Voilà une question aussi importante que l'indissolubilité du mariage ou sa fragilité : elle est mise en cause parce qu'un disciple a peut-être mal placé une incidente entre deux virgules !

S'il avait écrit :

« Quiconque renvoie sa femme et en épouse une autre, si ce n'est pour cause d'inconduite... »

L'hésitation ne serait pas permise. L'indissolubilité du mariage serait suspendue, le divorce et le remariage seraient autorisés dans un cas défini : l'adultère de la femme. Mais l'incidente « si ce n'est pour cause d'inconduite » est placée entre la proposition « quiconque renvoie sa femme » et celle-ci : « et en épouse une autre ». De telle sorte que l'Église est fondée à dire dans son commentaire :

— Le texte de saint Mathieu n'autorise point le divorce ni le remariage : seulement la séparation de corps.

Telle est bien, en effet, la doctrine qu'elle dégage de la comparaison des textes.

S'il faut attendre au Concile de Trente pour voir cette discipline érigée en dogme, elle s'affirme, dès les premiers siècles, sous la forme du conseil ou de l'objurgation.

Saint Basile dit dans son épître à Amphiloque :

— Le mari qui, se séparant de son épouse, en prend une autre, est adultère, et celle qui habite avec lui est également adultère.

Origène, dans son commentaire sur saint Mathieu, affirme que « les évêques qui permettent le remariage au mari, après répudiation de la femme adultère, vont contre le sens de l'Écriture ».

Saint Chrysostome aperçoit, avec une pitié toute chrétienne, le triste état où le divorce place la femme mariée après le sacrifice qu'elle a fait de sa virginité :

— La femme, dit-il, est sous la loi, et, de même que l'esclave fugitif traîne partout avec lui la chaîne de son maître, ainsi une femme qui abandonne son mari a une loi qui la suit, qui l'accuse d'adultère et condamne même ceux qui l'accueillent.

Saint Augustin, si renseigné, si homme du monde, précise avec plus de netteté que tous les autres le danger moral et social du divorce :

— Une femme, dit-il, ne peut devenir l'épouse d'un second mari avant la mort du premier. Pour qu'elle cesse d'être l'épouse du premier, il faut qu'il ait cessé de vivre. Il ne suffit pas qu'il soit tombé en adultère. Pour cause d'adultère, une femme peut se séparer de son mari. Elle ne peut rompre le lien qui l'attache à lui, quand même elle ne se réconcilierait jamais avec lui. Ce lien dure jusqu'à la mort. En effet, si le nœud conjugal pouvait être rompu par l'adultère de l'épouse, il s'ensuivrait cette conséquence pleine de danger : la femme, par son impureté, pourrait se débarrasser de tout lien.

C'est la doctrine même que l'Église devait fixer au Concile de Trente, dans ce septième canon des articles qui ont trait au sacrement de mariage. Je le cite parce qu'il ne laisse subsister aucune ambiguïté et fixe définitivement les devoirs des catholiques en matière d'indissolubilité conjugale :

« Si quelqu'un dit que l'Église est dans l'erreur quand elle enseigne, comme elle a toujours enseigné, suivant la doctrine de l'Évangile et des Apôtres, que le lien du mariage ne peut être dissous par le péché d'adultère de l'une des parties, et que ni l'un ni l'autre, non pas même la partie innocente qui n'a point donné sujet à l'adultère, ne peut contracter d'autre mariage pendant que l'autre partie est vivante: qu'il soit anathème. »

On a soutenu que, malgré cette déclaration d'unité et d'indissolubilité, nombre de papes — quand leurs intérêts ou leur rapacité étaient en jeu — surent tourner la loi du Concile. L'Église répond très victorieusement qu'elle aima mieux perdre la direction des âmes anglaises que céder à Henry VIII sur la question de l'indissolubilité du mariage.

Sur cette question, un Pape aussi libéral que Léon XIII est, à la fin du XIXe siècle, aussi intransigeant que Clément VII. En 1880, dans une lettre encyclique dont les termes n'ont pas été oubliés, il a affirmé que « le mariage est un sacrement » et, d'autre part, que « la société civile ne saurait avoir le droit de rompre un nœud qu'elle n'a pas le pouvoir de former ».

— L'Église, dit le Pape, ne méconnaît pas que le sacrement de mariage a encore pour but la conservation et l'accroissement de la société humaine. Il a des liens et des rapports nécessaires avec les intérêts humains. Ce sont là vraiment des conséquences du mariage. En ce qu'elles touchent aux matières civiles, ces choses sont à bon droit de la compétence et du ressort de ceux qui sont à la tête de l'État.

Mais le mariage même dans son essence ?

Il leur échappe. On s'arroge un droit qu'on n'a point, quand on prétend le dissoudre.

Dira-t-on que le Pape parle ici dans le désert, qu'« il part toujours de la supposition que les nations modernes lui appartiennent, et qu'il y a, au xixe siècle, une chrétienté catholique, comme au moyen âge, soumise à sa personne » ? (De Pressensé.)

A supposer que Léon XIII eût cette vision optimiste de son pouvoir sur les âmes, il faut reconnaître dans tous les cas que sa parole se fait entendre très haut en tout pays catholique.

Je trouve l'indication précise de cette influence dans une étude démographique du divorce et de la séparation de corps dans les différents pays de l'Europe par M. Jacques Bertillon [1]. C'est, sur la matière, le seul livre vraiment scientifique que je connaisse. On ne peut imaginer plus de clairvoyance ni plus de conscience. La statistique, ainsi maniée, sort du domaine des songes. Elle devient un fondement solide de l'histoire des mœurs, un oracle qu'on ne peut se dispenser d'interroger, sous peine de se condamner à l'erreur.

M. J. Bertillon a étudié l'influence des traditions religieuses sur le divorce. A l'époque où il a publié son livre, le divorce n'était pas ressuscité chez nous. Il n'a donc pu nous dire comment les choses se passent pour la France. Je crois qu'il ne le pourrait pas davantage aujourd'hui. En effet,

1. Chez Masson, 1883.

par suite d'une omission regrettable, la religion à laquelle appartiennent les époux séparés ne figure pas dans les statistiques du divorce. On la note en Suisse, on la note dans les Pays-Bas, on la note en Bavière, c'est-à-dire dans les trois États d'Europe où les populations catholiques et protestantes semblent se balancer avec le moins d'inégalité.

Or, voici les conclusions auxquelles aboutit M. Bertillon. Je cite textuellement :

— Les divorces sont très rares dans tous les cantons suisses catholiques ; leur fréquence est incomparablement au-dessous de la moyenne suisse. Dans les cantons protestants, au contraire, les divorces ont une fréquence extraordinaire, dont on ne trouverait l'exemple dans aucun pays d'Europe.

Voyons les Pays-Bas :

— Non seulement le catholicisme diminue le nombre des divorces, mais encore les séparations de corps sont plus rares dans

les pays catholiques que dans les protestants.

M. Bertillon se livre à la même étude sur
la Bavière et il conclut, en soulignant
comme je fais :

« *Toujours*, la chance du divorce est plus
faible pour les catholiques que pour les
protestants [1]. »

S'explique-t-on maintenant pourquoi les
catholiques de France ont considéré le rétablissement du divorce comme une loi de
persécution religieuse ?

1. Le *Bulletin* de l'Institut international de statistique,
qui vient de paraître à Saint-Pétersbourg, compare les
divorces dans les différents pays de l'Europe. Il y en a dix-
sept pour mille mariages, en Allemagne. C'est un chiffre
assez moyen. Le divorce est surtout répandu en Suisse, où
il atteint quarante pour mille. La France tient le second
rang avec vingt et un ; puis vient la Roumanie, avec vingt.
De tous les pays, celui où l'on se sépare le moins est l'Angleterre, une fois et demie sur mille. Les divorces suisses
viennent le plus souvent d'un « consentement mutuel, et
d'un grand relâchement du lien conjugal » ; les divorces
français et roumains de sévices et d'injures. L'adultère de
la femme française produit douze divorces sur cent, celui du
mari sept seulement. En Suède, les causes sont multiples :
abandon du mari, abandon de la femme, ivrognerie, vio-

Sans doute, si l'on publiait en face des noms des divorcés français la religion à laquelle ils appartiennent, beaucoup d'entre eux écriraient « catholiques ». Ils ne songeraient pas à se déclarer libres penseurs. Or, tous ces catholiques-là sont perdus pour l'Église. Elle les met hors de sa communion s'ils se remarient.

Regardez maintenant par qui a été patronnée la loi du divorce, qui s'est élevé contre elle ? Il vous faudra conclure que, comme la loi de la neutralité et de la laï-

lences, tout le théâtre d'Ibsen. — La classe qui divorce le plus est celle des industriels et des commerçants. En France et dans la plupart des pays, la séparation est le plus souvent demandée par la femme ; cependant, en Angleterre, elle est bien plus souvent demandée par le mari, sans qu'on puisse savoir si cette singularité est fâcheuse pour l'honneur des maris anglais, ou de leurs femmes. Chose assez singulière, la plupart des divorcés ont des enfants. Un petit nombre seulement de conjoints se quittent avant une année révolue. Mais on en voit beaucoup qui se séparent avant que leur mariage ait duré un lustre ; beaucoup aussi pour qui le divorce arrive entre la cinquième et la dixième année. L'épidémie est maxima entre la dixième et la vingtième. Après ce délai, le divorce est rare. La résignation est l'hôte des noces d'argent. *(Débats,* 15 sept. 1899.)

cisation de l'hôpital, elle a été surtout en pays catholique une loi dirigée contre la discipline catholique.

Cela fit son succès.

Cela pourrait causer sa déchéance.

XIV

LE DIVORCE DANS LE PEUPLE

Je prie ceux qui liront ce chapitre de l'entendre comme un appel au secours. Il est entendu que nos dissensions intestines nous ont fait bien du tort. Ce préjudice est peut-être le plus grave de tous : elles ont détourné l'attention de nos misères véritables ; nous ne portons pas la main où nous sommes malades, — si atteints, qu'il y a urgence d'apporter le fer rouge dans ces plaies-là.

Quand après quelques hésitations sur le

choix du sujet qui serait la suite la plus naturelle d'une enquête sur la famille française à la fin du XIX° siècle, je me suis arrêté à ce sujet du Divorce, je n'ai pas cédé au vain plaisir d'ajouter quelques scènes de comédie aux vaudevilles excellents qui déjà ont été écrits sur cette matière. Tout de suite j'ai eu la douleur de constater que la bouffonnerie tournait à la tragédie la plus noire. On s'était mis en route, le sourire du scepticisme aux lèvres, avec une complaisance un peu dédaigneuse pour ces gens de plaisir qui, ayant détruit entre eux tous les liens d'estime, demandent qu'on les affranchisse de cette dernière contrainte : le lien légal. La loi avait été votée dans cette préoccupation de suprême politesse. Peut-être aussi songeait-on aux auteurs dramatiques qui, ayant épuisé la démonstration des trois ou quatre cas exceptionnels où l'indissolubilité du mariage pèse lourdement sur des innocents, réclamaient qu'on fît enfin une brèche dans le mur qu'ils avaient si consciencieusement battu du bélier.

Il semblait qu'une telle réforme dût se contenter d'exercer son action à la surface de la société. Voici qu'elle la creuse jusqu'aux assises. Attendrons-nous l'écroulement pour courir au secours des victimes?

Il n'y a, en pareille matière, qu'un moyen d'échapper au reproche de déclamation : c'est de citer des faits, rien que des faits. Autrement on donne la partie trop belle à ces faux amis du peuple qui s'écrient :

— Quand on veut asservir le peuple et lui arracher sa liberté de conscience, on commence par le diffamer !

J'ai donc porté les résultats de mon enquête à un des hommes de ce temps qui se sont penchés avec le plus de fraternelle pitié sur le monde de la misère, un homme qui, condamné par son état à vivre dans les cercles de l'Enfer, a rêvé pour l'enfance coupable, la régénération par la tendresse et par l'exemple du bien.

L'expérience de M. Guillot Adolphe, de l'Institut, juge d'instruction, optimiste comme la charité elle-même, est, après tant d'années d'exercice de la justice et de la miséricorde, plus sombre, plus attristée encore que mes inquiétudes. On comprendra donc que je lui cède ici la parole. Comme je voudrais que ce petit livre servît à son avertissement de porte-voix ! Il faudrait qu'il se fît entendre jusqu'à ce Parlement qui, nous ayant dotés d'une loi démoralisante, a seul le pouvoir d'atténuer, dans la mesure du possible, le mal qu'il a fait.

— Sans doute, m'a dit M. Guillot, j'aperçois l'enfance ouvrière sous le plus triste des aspects; quand la police a mis la main sur elle. Mais, par-dessus l'épaule de l'enfant atteint, j'ai le spectacle de la maiso n dont il sort. Je vous affirme qu'il est affreux.

D'une année à l'autre, on assiste à la désorganisation, tous les jours aggravée, de la famille ouvrière.

» Le mariage, considéré comme une union indissoluble, n'existe presque plus. Allez dans les villes manufacturières, informez-vous. Vous constaterez que l'union légale et durable est devenue un phénix presque introuvable dans ces milieux ouvriers. C'est une conséquence de la passion d'indépendance sans limite, sans obstacle, qui est l'état nouveau des esprits. On a besoin d'une liberté absolue ; on ne veut être attaché par rien. A peine peut-on dire que l'instinct maternel entretient un peu plus de retenue dans les mœurs de la femme que dans celles de l'homme, mais l'abaissement moral est le même.

» Faut-il vous dire que Paris doit être placé à la tête de ces villes démoralisées ? Le mal, dans ce qu'il a d'excessif, d'immédiatement aigu, date des dernières années de l'Empire, de la secousse terrible de la guerre, surtout de la Commune.

· » Le peuple de Paris a mené, dans ce temps-là, une vie assise sur le mépris de toute autorité ; elle lui a laissé le souvenir d'un temps heureux. Il a cru à la réalité de son affranchissement. Il est demeuré charmé par l'évocation de cette existence en plein air, où le cabaret servait de club, où la chimère de l'égalité totale apparaissait réalisée, où Paris s'est imaginé remplacer par sa volonté l'action des polices, le jeu des lois, où il s'est grisé de vin, de poudre et de paroles.

» Cette époque de licence a marqué un affaiblissement très certain dans la moralité de la classe ouvrière. Bien des ménages ont été désorganisés à la faveur de cette suspension de la vie sociale. La multiplication indéfinie des cabarets est une autre plaie que nous ont léguée ces jours de révolte. Le cabaret ! voilà la cause première la plus certaine de la destruction de la famille ouvrière. Je ne prétends pas vous avancer là une vérité inconnue. Je dis seulement : Mon état et ma conscience me commandent, quand je suis en face d'un coupable, d'examiner par quelle voie il en est arrivé à cette déchéance. Et, quatre-vingt-dix-neuf fois sur cent, qu'il s'agisse de l'homme, de la femme ou de l'enfant du peuple, c'est le cabaret que je trouve à l'origine de toutes perversions.

» Généralement, c'est l'homme qui déserte le premier la maison. Le jour où il ne prend plus ses repas chez lui, en famille, la femme perd la petite puissance qu'elle avait sur lui, son charme de ménagère. Elle se met à boire parce qu'il n'est pas là. Criez bien haut que l'ivrognerie de la femme dans les milieux populaires est une nouveauté qui fait tache d'huile. Elle devient un mal social, une épidémie infectieuse, puisque, derrière le père et la mère, l'enfant prend le chemin du cabaret.

» La loi qui lui en interdit l'entrée est violée en toute occasion et avec impunité. On m'amène des alcooliques de douze ans. Du jour où tous ces gens ont touché à l'absinthe, la famille est détruite. Ce n'est pas le divorce qui a créé ces mœurs populaires. Mais il fallait les ignorer pour s'imaginer que le jour où cette nouvelle licence serait inscrite dans la loi, le peuple ne se jetterait pas sur elle. L'ouvrier avait rendu le mariage haïssable par la façon dont il le pratiquait. Il était impatient de son joug ; il avait une tendance à s'en affranchir sans scrupule : le divorce est venu confirmer une situation de fait ; il a porté le dernier coup au mariage.

» En voulez-vous un exemple que, pour ma part, je trouve désolant ? On me signale que dans le milieu si respectable de la mutualité, qui représente cependant ce qu'il y a de plus honorable dans la classe ouvrière, on voit apparaître, ici, là, le mot de « compagne » dans les contrats qui régissent les droits et les devoirs des mutualistes vis-à-vis de leurs sociétés. Or ces « compagnes », auxquelles l'honnête mutualité est en train de créer une existence légale, ce sont des concubines, des ménagères, en grand nombre divorcées, qui, ne pouvant subsister, elles et leurs enfants, par les ressources de leur travail, se sont mariées « à la chambre » avec quelque ouvrier plus laborieux que le premier compagnon.

» Supposons ensemble que ces malheureuses et leurs maris de rencontre allient à l'instinct de prévoyance quelque reste d'éducation morale. Elles sont l'exception. Je vais vous dire comment les choses se passent d'ordinaire, dans le peuple, après le divorce.

» Il serait fou d'exiger une pension régulièrement payée par l'homme qui se déplace avec son travail et qui émiette son salaire dans tous les cabarets d'alentour. Il semble donc injuste de laisser à la femme toute la charge des enfants ; quelle que soit l'indignité du père, on les partage. On attribue les fils à l'homme, les fillettes à la mère. Après quoi, chacun s'en va de son côté.

» Que fera l'homme ?

» Il ne va pas louer une nouvelle chambre, y installer des meubles.

» Tout cela serait saisi le lendemain. Le terme ne serait jamais payé.

» Il emmène donc ses fils coucher avec lui dans le premier garni venu. Un soir qu'il a trop bu ou qu'il rencontre une fille sur sa route, il ne rentre pas. Il oublie l'adresse. Ma foi, que ses enfants se tirent d'affaire !

» Et c'est bien ainsi qu'ils en usent.

» Écrivez, je vous prie, que ces abandonnés, cherchant leur nourriture, vivent dans Paris comme des fauves. Pour deux sous, on les reçoit dans les garnis à partir de treize ans. Ils ne souffrent pas de cette vie de liberté : ils l'aiment, ils s'y attachent, ils la traînent jusqu'à ce qu'un larcin les fasse tomber dans la main de la police qui nous les amène.

» Aux filles maintenant :

» Vous savez dans quelles conditions de promiscuité déplorable vit le petit peuple de Paris. Toute la famille couche en deux lits, dans la même chambre. Tant que le vrai père est là, on peut espérer qu'un reste de pudeur instinctive l'empêchera de donner à ses enfants certains spectacles dont notre pensée se détourne. Mais quand la mère, qui ne peut subsister par son salaire, s'est mise en ménage avec un second mari ou avec un amant ? quelle éducation d'exemple croyez-vous qu'elles recevront, les fillettes ? Il faut s'estimer trop heureux si, un jour où la mère est descendue pour acheter le repas du matin, l'ivrogne, encore égaré, n'abuse pas d'elles.

» Je sais de quoi je vous parle.

» Dans la classe ouvrière tout à fait pauvre, *il n'y a pas de virginité physique au delà de quatorze ans* ».

Rapprochons ces déclarations des chiffres publiés par M. Albanel, juge d'instruction au Parquet de la Seine, et par le docteur Legras, expert.

— On constate, disent-ils, que l'accroissement de la criminalité porte tout particulièrement sur les jeunes gens compris entre treize et vingt et un ans. A Paris, de 1880 à 1893, plus de la moitié des individus arrêtés avaient moins de vingt ans, et presque tous avaient commis des fautes graves; en une seule année, celle de 1880 par exemple, 30 assassinats, 39 homicides, 3 parricides, 2 empoisonnements, 184 infanticides, 4 312 coups et blessures, 25 incendies, 153 viols, 80 attentats à la pudeur, 458 vols qualifiés, 11 862 vols simples.

« En 1894, sur 40 000 mineurs délinquants et criminels, il y en a 32 849 de seize à vingt et un ans. »

Et la poussée continue :

« En 1895, 554 jeunes gens de seize à vingt

et un ans ont été poursuivis en assises et leurs crimes se répartissent ainsi : 32 assassinats, 20 meurtres, 3 parricides, 44 infanticides, 2 empoisonnements, 91 viols, 7 avortements. En outre, 35 387 jeunes gens du même âge passent devant le Tribunal correctionnel. D'une année à l'autre, l'augmentation est de 3 092 délinquants.

— Au moment où la loi sur le divorce, disent MM. Albanel et Legras, fut discutée dans les Chambres législatives françaises, on affirma qu'elle était toute en faveur des enfants. Elle devait les soustraire au spectacle immoral des dissensions intestines de la famille. On allégua que l'enfant ne verrait plus les violences physiques ou verbales échangées entre le père et la mère ; sa garde serait confiée au plus digne des deux conjoints ; le divorce des parents favoriserait donc chez l'enfant le développement du sens moral...

Nous voulons bien supposer que ceux qui firent ces rêves étaient de bonne foi.

Que vont-ils répondre en face de l'expérience :

Plus de virginité des filles au-dessus de
quatorze ans et, en une seule année, une
augmentation de 3 092 enfants criminels,
fils du cabaret, de l'école sans Dieu et du
divorce.

XV

LES ENFANTS

Il n'y a pas de doute que le divorce n'ait aggravé dans le peuple la dislocation du mariage et jeté à la rue beaucoup d'enfants perdus. Pourtant, la situation qu'il crée à nos enfants de bourgeoisie est peut-être plus douloureuse encore. La supériorité de la culture, l'affinement des sentiments ne sont ici qu'accroissement de désordre et aiguillon de souffrance.

On devine que j'ai reçu plus d'un avis des partisans du divorce.

Ils me disaient :

— Les griefs que vous imputez à la loi nouvelle s'appliquent aussi bien à la séparation de corps. Particulièrement en ce qui concerne les enfants, la nécessité où l'on est de les confier tantôt à la garde du père, tantôt à la garde de la mère rend dans les deux occasions leur infortune identique.

Vraiment, on nous la baille belle quand on veut assimiler des cas si dissemblables !

Où est la mère séparée qui ne s'adresserait pas au Tribunal pour obtenir qu'on interdît au père de voir ses enfants, si ce père prétendait les recevoir chez sa maîtresse ?

Où est le père de famille séparé qui permettrait à ses enfants d'aller vivre, voire une semaine par an, sous le toit de l'amant de sa femme ?

Le divorce donne à cette monstruosité une sanction légale. Nous avons vu que, dans le monde, les maris ne s'opposaient point à ce

que la femme contre laquelle ils réclamaient le divorce épousât son amant. Les
conséquences légales de cette tolérance sont
fâcheuses pour les enfants. Comme on n'a
point fait constater le flagrant délit, la mère
a le droit de recevoir ses enfants dans sa
nouvelle maison. Au su et au vu de tous, il
y a contact entre ses fils, ses filles et l'amant
qui est devenu le second mari.

A supposer que pour certains — qui mettent
au-dessus de tout les régularités de la loi —
cette situation soit irréprochable, la pratique
des mœurs et les répugnances de l'opinion
prouvent qu'elle demeure un scandale.

Je n'ai qu'à choisir dans les correspon-
dances qui m'arrivent à ce sujet. Elles éta-
blissent que le rapprochement des enfants
avec la seconde femme ou le second mari
du père ou de la mère est, — dans la famille
ébranlée par le divorce, — une cause pro-
fonde de démoralisation.

Entre bien d'autres, les lettres dont je

public ici des fragments dépeignent le cas type. Elles m'ont été remises par un homme dont le divorce, il y a quelques années, n'a que trop occupé la malignité publique.

Pour éviter que la femme dont il se séparat traînât son nom de chute en chute, ce mari recourut à une comédie qui permit à la divorcée le mariage avec son complice. Du moins essaya-t-on de protéger les enfants, en plaçant l'une dans un couvent et l'autre dans un collège ecclésiastique. Lui-même, le père, devait s'expatrier. Son état l'envoyait, au loin, servir la France.

Peu de mois après son départ, il recevait cette lettre des éducateurs — des prêtres — auxquels il avait confié son fils :

« Nous sommes préoccupés de l'état d'âme de Georges. Il accueille toutes les observations qu'on lui fait dans un esprit de révolte. Évidemment, la crainte d'être exclu de notre maison ne le retiendra pas. Nous ne sommes pas sûrs qu'il ne soit pas sourdement soutenu dans le désir de nous échapper par qui vous savez. C'est un grand malheur que la complaisance du Tribunal ait autorisé ces visites mensuelles d'une mère égarée. Chaque fois, nous reculons de tout le terrain que nous espérions avoir conquis. La sévérité est aussi impuissante que nos exhortations à lutter contre cette influence pernicieuse. Peut-être votre tendresse paternelle aurait-elle plus de chance de réussir près du cœur de cet enfant qui n'est pas mauvais. »

On imagine aisément dans quel état d'esprit une telle épître peut plonger un père. Celui-ci se conforma bien volontiers aux conseils qu'on lui donnait. Il ne demandait qu'à user de douceur. Il écrivit à son fils :

« Je t'en prie, fais un effort pour me donner un peu de joie, et de mon côté je songerai à ton plaisir. Si tes notes se relèvent pendant ce dernier trimestre, surtout si tes maîtres me disent qu'ils sont plus satisfaits de ta bonne volonté, de ta docilité, je te donnerai, au commencement de tes vacances, cette bicyclette que tu souhaites, si fort... »

Le fils répond par courrier. Je cite le texte exact :

« Ne songez pas davantage à cette bicyclette que vous m'aviez promise. Mon bon ami M. X... vient de m'en donner une. Il savait que je la désirais depuis longtemps. C'est un modèle magnifique, etc. »

Ainsi, ce n'est pas la mère qui est nommée, c'est le second mari de la mère, l'ancien amant ! Il a peut-être fait de cette cynique insolence la condition de sa largesse. Et aussi bien ce n'est pas à l'enfant qu'il veut faire plaisir, c'est le père qu'il bafoue, c'est son action morale qu'il veut atteindre. Cela le divertit, après avoir corrompu la femme, de pourrir le fils.

La convenance la plus élémentaire exigerait que le nom du père divorcé ou de la

mère absente ne fût pas prononcé devant
les enfants. Mais comment espérer que, dans
la pratique, une telle réserve sera la règle ?
Les parents se disputent le cœur des enfants.
C'est encore l'époux outragé, celui qui a
souffert et dont on a brisé la vie, qui
d'ordinaire est le plus discret. Il arrive qu'il
se contente de s'enfermer dans le silence et
de proscrire, même de la chambre des enfants, une image qu'il ne veut plus voir.

Mais l'autre, le coupable, celui qui a
besoin de justifier sa conduite ?

Il n'a logiquement qu'un moyen de se
mettre à l'abri d'un jugement sévère (les
enfants en sont capables), c'est de travailler
à disqualifier l'autre époux. Il arrive même
que, dans cette triste besogne, il prenne
pour associé de ses diffamations le nouveau
conjoint. Et ce n'est pas seulement dans le
peuple, dans l'infime bourgeoisie, que ces
choses se passent, là où la médiocrité de
l'éducation pourrait être l'excuse d'une telle

grossièreté. J'ai dans mes notes l'histoire du divorce d'un diplomate qui porte un beau nom de France. La femme avec laquelle il avait rompu avait épousé son complice. Le Tribunal avait permis à la mère coupable de recevoir ses enfants chez elle pendant les vacances d'août. Le langage que le nouveau mari se permettait de tenir sur son prédécesseur était si insolent que la petite fille (elle avait alors une douzaine d'années) se leva un jour de table et dit devant les convives :

— Je ne peux pas permettre que l'on parle devant moi de mon père comme on le fait ici ! Et puisque mon frère ne sait pas imposer le silence, je quitte la maison.

Quand ce n'est pas l'amant qui joue vis-à-vis des enfants ce rôle méphistophélique, c'est la mère elle-même qui trop souvent s'en charge. Elle sent qu'elle ne pourra plus se faire estimer. Elle veut se faire adorer. Et tous les moyens lui sont bons.

Le jour où la loi lui confie ses enfants,

elle s'arrange pour leur faire vivre une existence de plaisir qui, le lendemain, leur laisse un regret. En vérité, il faudrait que les pauvres petits eussent un sens moral bien robuste, pour que la comparaison qu'ils font, tout naturellement, dans leur esprit, ne tournât pas à l'avantage de la mère.

D'un côté, ils voient le père, sombre, nécessairement économe, quelque peu grondeur, puisqu'il lui faut corriger — pendant les courtes minutes qu'il passe avec ses enfants — toutes les fâcheuses habitudes d'une éducation mal surveillée. De l'autre bord, ils ont affaire à une personne qui ne parle que de divertissements et de gâteries, qui se réserve la part des plaisirs... Il est bien naturel qu'ils finissent par penser :

— C'est parce que notre père était si austère que notre mère a été malheureuse avec lui. Nous sommes comme elle. Nous supportons impatiemment cette tristesse que notre père fait planer sur toutes choses.

Il arrive donc (j'ai vu cela tout dernièrement) que les enfants s'échappent au retour du collège et, le soir, le père trouve leur place vide.

— Où sont-ils ?

Ils sont partis chez la mère qui leur a dit une fois pour toutes :

— Si jamais vous vous trouvez trop malheureux avec votre père, venez me retrouver. Vous serez gâtés chez moi...

De toutes les mauvaises influences qui peuvent s'exercer sur l'esprit des enfants, celle de la mère est certainement la plus corruptrice. Mais quand c'est le père qui est cause de la dislocation de la famille, son intervention dans la vie des enfants est, elle aussi, néfaste.

S'est-il remarié ?

Il faut s'attendre à ce que les enfants aient à souffrir du contact de la nouvelle femme. L'expérience a anciennement prouvé qu'une belle-mère était presque toujours dure à ceux du premier lit. Pourtant, à ce moment-là, sa jalousie ne peut s’adresser qu’à une morte. Comment voulez-vous qu’elle ne s’aggrave point quand il s’agit d’une rivale vivante ?

Et si le père a repris sa vie de garçon ? Alors, ses fils et ses filles auront à subir, du fait de ses habitudes, d’étranges frôlements.

Je vois d’ici un de ces pères divorcés qui mènent la vie joyeuse. Au mois de septembre dernier, il scandalisait toute la plage d’Ostende (qui pourtant n’a qu’une moralité de bains de mer) par la prétention qu’il affichait de jouer auprès de ses enfants son rôle de bon père, sans renoncer d’autre part aux camaraderies qui lui étaient agréables. Garçons et fillettes, il avait avec soi quatre petits malheureux, entre douze et quinze ans. Ils s’accotaient à leurs pelles pour voir passer les belles dames de la plage et disaient tranquillement :

— Celles-là aussi sont des cocotes de papa ?...

Comme il doit hausser les épaules à la lecture de ces lignes — si d'aventure elles lui tombent sous les yeux — ce père fin de siècle !

On l'entend ricaner :

— Je ne prétends pas que personne ne soit sacrifié dans un divorce. Mais pourquoi voulez-vous que ce sacrifié soit moi ? Mes enfants se feront plus tard leur vie à leur guise ! Je vis la mienne à mon plaisir.

En effet, — et les droits de l'individu sont assurément sacrés.

Mais ne croyez-vous pas que ceux de la société méritent aussi qu'on les soutienne ?

Et l'on ne voit pas bien comment les générations qui poussent respecteront le contrat social, après que, dès l'enfance, elles auront vu le contrat familial si ouvertement foulé aux pieds.

XVI

LA SÉPARATION DE CORPS

Une étude, pour rapide qu'elle soit, des mœurs du divorce serait incomplète si l'on ne se demandait pas quelle influence il a exercée sur la séparation de corps.

On devine qu'elle a dû en être touchée.

Mais dans quel sens ?

L'instinct de logique porte à répondre :

— Elle a été diminuée. En effet, autrefois, nombre de gens qui n'étaient retenus par aucun scrupule de religiosité se séparaient, faute de pouvoir se désunir complètement...

Cette opinion est satisfaisante; pourtant, l'expérience lui donne tort.

Que prouve, en effet, la statistique? Ceci : *d'année en année, le nombre des séparations de corps croît parallèlement aux divorces.*

Je cite les chiffres eux-mêmes, pour enlever au lecteur toute velléité de discuter une certitude qui est d'ordre mathématique :

	Divorces.	Séparations.
En 1890	6 557	1 570
En 1891	6 059	2 059
En 1892	7 487	2 094
En 1894	8 673	2 405

En face de ce résultat inattendu, j'ai jugé que la loyauté me conseillait (comme j'en ai usé contre le divorce) de recourir aux lumières d'un adversaire décidé de la séparation de corps. Je n'ai pas été bien loin pour le découvrir.

— Il importe d'abord, m'a dit mon nouveau maître, que nous sachions exactement quels sont ces 8128 ménages qui, malgré l'institution parallèle du divorce, ont recouru à la séparation de corps dans un cours de quatre années. J'ai sous les yeux la statistique de 1892 et celle de 1894. Elle indique un total de 759 rentiers ou propriétaires qui se séparent, en face de 706 cultivateurs. Or, si vous voulez comparer d'autre part l'armée formidable des cultivateurs avec le bataillon malgré tout infime des rentiers, vous serez amené à conclure que les paysans ne se séparent pour ainsi dire pas. L'étude des chiffres qui représentent l'usage qu'on fait de la séparation dans la classe ouvrière témoigne, elle aussi, de l'indifférence populaire pour cette demi-mesure. A la campagne, quand on ne peut pas s'entendre, on s'assassine. Au faubourg, on se quitte.

» Quels sont-ils donc ces gens qui se séparent, plus nombreux d'une année à l'autre? Ce ne sont pas des israélites, ce ne sont pas des protestants, ce ne sont pas des libres penseurs... Ce sont des catholiques et, laissez-moi vous le dire, *des catholiques de bonne bourgeoisie*. La séparation de corps leur appartient tout à fait. On pourrait la définir à cette heure : « le divorce à l'usage des catholiques riches. »

Cette identité de la séparation de corps et du divorce, absolue au point de vue juridique et légal est assez récente. Quand la loi Naquet fut votée en 1884, MM. Allou, de Marcère, Denormandie et Jules Simon déposèrent une proposition qui, dans la séparation de corps, assurait aux catholiques tous les avantages que les autres citoyens recueillent du divorce. On ne les écouta pas. On voulait que le divorce fît prime et que le désir de profiter des commodités qu'il donne combattît efficacement, dans certaines consciences hésitantes, le scrupule religieux.

Mais l'expérience a démenti ces prévisions. Non seulement les catholiques n'ont pas déserté la séparation de corps, mais il a semblé que d'une année à l'autre elle leur devenait plus indispensable. Dans ces conditions, on ne pouvait continuer à leur interdire des avantages qu'il était juste de leur accorder. Depuis la loi de 1893, les conséquences de la séparation de corps sont exactement celles du divorce. Quel qu'ait été le contrat de mariage, la femme séparée y trouve le droit d'administrer ses biens comme elle l'entend, sans autorisation maritale. On va jusqu'à lui permettre de reprendre son nom de jeune fille !

Reste donc cette différence unique qui est d'ordre tout religieux :

Les divorcés se peuvent remarier le jour même où leur désunion est prononcée;

Les séparés sont condamnés, chacun de son côté, respectivement, au célibat perpétuel ou à l'adultère jusqu'à ce que mort s'ensuive

Là-dessus l'ennemi de la séparation de corps éclate.

— Je comprends très bien, s'écrie-t-il, que l'Église triomphe de cette soumission de ses fidèles au dogme. Ils donnent là un exemple indiscutable de soumission à son autorité. Mais s'il est permis de dire qu'une bonne morale vaut mieux que toute obéissance dogmatique, on se demande avec quelque inquiétude si la séparation de corps catholique n'engendre pas, au bout du compte, un état de mœurs sensiblement inférieur au divorce.

» Croyez-vous sincèrement que l'homme qui se sépare (c'est presque toujours contre lui qu'on a prononcé l'arrêt), croyez-vous que cet homme qui n'a pas eu sur soi un empire suffisant pour vivre avec sa femme dans des rapports de tolérance mutuelle va, tout d'un coup, se découvrir la supérieure énergie qui est nécessaire pour observer jusqu'à la fin de ses jours l'état de chasteté? Il y a peu de vraisemblance qu'un homme qui n'est plus tout jeune et qui a connu les commodités d'une vie régulière se contente des

ressources que la galanterie surveillée offre
aux célibataires, aux dévergondés et aux voya-
geurs. Votre époux séparé est presque fatalement condamné au concubinage, à l'adultère
ou à la séduction. Trois états qui, envisagés
dans leurs résultats, ne semblent pas d'une
moralité plus relevée que le remariage après
le divorce.

» Pour la femme, quand la séparation a
été prononcée à son profit, je veux bien
admettre que son éducation morale, ses
habitudes religieuses la protègent plus que
l'homme contre le vertige de certains sou-
venirs. Mais enfin, une femme mariée n'est
pas une vierge ! Et les médecins sont là pour
vous dire que la chasteté est plus difficile à
garder à celles qui ont passé par le mariage
qu'aux filles célibataires qui ne l'ont point
connu. La femme séparée n'est pas une veuve.
Elle n'a point, pour la protéger contre les
tentations, le souvenir d'un amour qui a été
brisé. Elle ne se dit pas :

» — Je résiste aujourd'hui, mais si demain mon sacrifice est au-dessus de mes forces, je puis contracter un mariage nouveau ou me donner sans offenser personne.

» La veuve n'est célibataire que par un effet de sa volonté. La séparée l'est *par ordre*. On lui demande de conserver dans le monde, dans la liberté, dans l'isolement, une chasteté que les religieuses elles-mêmes abritent dans le couvent, dans la surveillance perpétuelle des communautés. Eh bien ! nous, les avocats, qui, d'une certaine façon, sommes des confesseurs, nous à qui l'on recourt, dans les cas désespérés, comme à des conseillers que le secret professionnel engage, nous pouvons vous le dire : la situation monstrueuse, anormale créée à la femme séparée par le célibat sans idéal qu'on lui impose est pour elle pleine de périls et de chutes. Qu'est-ce donc qui vaut mieux en dernier ressort ? Ce que vous nommez le *cynisme du divorce*, ou ce que j'appelle, moi, l'*hypocrisie de la séparation ?* »

Je ne saurais dire comme je sus gré à mon interlocuteur d'avoir ainsi haussé le débat. C'est un effet de notre condition humaine que nous ne puissions jamais atteindre le bien absolu. Il serait donc absurde de méconnaître qu'il y a dans le divorce du bien et du mal. Je vais plus loin : il y a du bien et du mal dans le cynisme et dans l'hypocrisie. Il s'agit seulement pour nous de choisir entre deux maux le moindre, et, quand nous hésitons au carrefour, de nous engager dans la route qui, le plus directement, va vers le progrès moral.

Nous convînmes, mon contradicteur et moi, qu'ainsi élargi, le problème du divorce et de la séparation se fond dans cet autre, plus général, qui, à proprement parler, est le problème moderne :

« Faut-il sacrifier l'individu à la société, ou la société à l'individu? »

Je répondis donc à l'éloquent avocat du divorce :

— Je ne conteste pas un détail de vos affirmations, je ne vous demande pas d'enlever une ombre au portrait que vous m'avez tracé de l'homme séparé et de la femme séparée. Comme vous, je suis d'avis que dans le temps même où publiquement ces époux affirment leur foi dans l'indissolubilité du mariage, en secret ils glissent à une multitude de compromis où la sensualité triomphe. Mais je vous refuse le droit de les flétrir pour ces faiblesses dont ils ont honte.

» Ce n'est pas d'hier qu'entre deux grandes nations dont la rivalité emplit l'histoire moderne, entre la France et l'Angleterre, s'est posée la question de savoir si les mœurs politiques d'une nation gagnent à être discrètes ou effrontées. Nous autres, nous avons toujours eu pour principe d'étaler nos erreurs, de publier nos fautes à son de trompe. Nous avons été le ménage qui se querelle devant sa porte, des fanfarons de vice. Eux, ils ont soigneusement caché tout

ce qui, dans leur vie publique, était faiblesse, souillure, lamentable conséquence de
l'infirmité humaine. Tous leurs partis se
mettent d'accord pour se taire, quand l'honneur national est en échec. Ils ont vécu
comme la famille respectable qui, à tout
prix, dissimule la défaillance d'un des siens.
Nous les avons appelés fanfarons de vertu.
Nous n'avons pas tari de dédain à l'endroit
de leur hypocrisie. Cependant une solide
grandeur, l'ordre, une puissance presque
surhumaine ont été la récompense de leur
discipline, tandis que nous touchons lamen-
tablement les résultats de notre licence.

» Transportez ces mœurs de l'ordre politi-
que dans l'ordre social. Demandez-vous quels
sont ceux qui font le plus de mal à la chose
publique, des licencieux qui, ouvertement,
rompent un contrat fondamental, ou des
timorés qui, conscients des répercussions
profondes de leur erreur, ensevelissent leur
défaillance dans l'ombre. Si passionnément

épris que je sois de vérité, je n'hésite pas, pour ma part. J'affirme que l'hypocrisie des séparés est moins destructrice du contrat social que le cynisme des divorcés. En effet, qui dit convention dit abandon de l'état primitif, du droit naturel, au profit de certains droits supérieurs, qu'on ne peut acquérir qu'à la condition d'unir ses forces dans un groupe.

Nous naissons tard dans les temps, héritiers de ces richesses accumulées par l'effort de tous, par les antiques et séculaires concessions que l'individu a faites à la collectivité. Avons-nous le droit — au moment où nous bénéficions de cette opulence — de nous comporter comme si nous étions encore l'homme des cavernes, distinguant à peine, dans les nécessités de sa défense, un autre homme d'un ours ?

» Des hasards d'existence m'ont fait vivre dans des milieux où il n'y a pas encore de contrat social et où les risques des temps primitifs sont encore la règle. J'ai vu ce que vaut la vie sur la terre, hors de la société. C'est une épreuve qui a manqué à la plupart de nos théoriciens, anarchistes de salon et de cabaret, ibséniens en chambre, disciples littéraires de Nietzsche. Avant qu'ils poussent plus loin leur propagande, je les engage à aller examiner d'un peu près comment l'on vit hors de l' « hypocrisie » de la société, dans le « cynisme » des lois naturelles ! Ils ne nous reviendront pas seulement persuadés que la séparation de corps vaut mieux que le divorce, mais partisans du mariage indissoluble.

Mon ami reprit, non sans une pointe de malice :

— Le bon mariage ? C'était là que je vous attendais. Sans doute il serait à souhaiter qu'après s'être une fois choisis, le même homme et la même femme s'aimassent de tout leur cœur, toute leur vie. Mais est-ce là l'exemple que nous fournissent nos contem-

porains? Et que pensez-vous de ces catholiques qui, d'une année à l'autre, se séparent
davantage, tandis que leurs voisins divorcent
à qui mieux mieux? A votre place, au lieu
de chercher la cause de ces mœurs dans des
divergences d'éducation ou de foi, je pousse-
rais mon étude plus avant encore, jusque
dans la peau des coupables. Peut-être alors
découvririez-vous que l'homme moderne, à
quelque confession qu'il appartienne, est
chaque jour plus incapable de souscrire à
un contrat qui dure.

XVII

FAIBLESSE IRRITABLE

L'étude des statistiques de la séparation
de corps met les catholiques au pied de
cette vérité :

Quand ils accusent le parti que, tout
en gros, on nomme « anticlérical », d'a-
voir voté la loi du divorce pour les vexer
dans leur foi, ils oublient qu'eux-mêmes,
par leurs mauvaises habitudes de mariages
inconsidérément formés, par leurs goûts
avaricieux de l'argent, par leur pusillani-
mité, enfin par la discipline vicieuse de

leur caractère, ils collaborent efficacement à ces détestables mœurs d'amour dont le divorce n'est que la reconnaissance légale. L'attachement à la doctrine qui empêche les catholiques d'accepter le démariage et qui les parque dans la séparation de corps est une marque d'obéissance professionnelle. Elle n'a presque pas de valeur morale.

Étant démontré par les faits que la discipline catholique — même chez ceux qui l'acceptent dans toute sa rigueur — vaut moins qu'autrefois pour mater le caractère des époux, où chercherons-nous la cause déterminante de l'ébranlement de l'institution de mariage ?

Dans la *santé* même des hommes qui, sur la fin du XIXe siècle, habitent ces parties du monde que nous considérons comme les civilisées.

Faut-il croire qu'après avoir usé tant de cycles à s'élever de la polygamie naturelle à la monogamie surnaturelle, qu'après avoir considéré l'union indissoluble, l'amour unique d'un seul homme pour une seule femme comme le but le plus élevé que l'humanité peut atteindre sur la terre, nos contemporains rejettent tout d'un coup cet idéal ?

Faut-il considérer cette désaffection comme un acte réfléchi, raisonnable, moral, comme l'aveu qu'en voulant trop faire l'ange, les hommes ont fait la bête ?

Est-il trop certain, au contraire, que cet abandon de l'idéal monogamique est la chute irraisonnée, maladive, d'une humanité tarée qui retombe dans la polygamie par lassitude de l'effort ?

Pour asseoir ma réponse, j'emprunte à M. Jacques Bertillon ces conclusions de son étude sur la démographie du divorce tel que toutes les nations civilisées le pratiquent :

— L'étude des circonstances qui entourent le divorce nous amène, dit-il, à ces conclusions :

1° C'est la profession, la position sociale des époux qui déterminent la fréquence ou la rareté des divorces : les classes bourgeoises, et notamment les commerçants, présentent, dans tous les pays du monde, un nombre considérable de divorces, tandis que la proportion est toujours faible pour les paysans;

» 2° La tendance au divorce et à la séparation est toujours beaucoup plus forte dans les villes et surtout dans les grandes villes (plus de cent mille habitants) que dans les campagnes avoisinantes.

» 3° Dans tous les pays, dans toutes les provinces, dans toutes les villes de l'Europe, la fréquence du divorce et de la séparation de corps va sans cesse en augmentant. Cet accroissement paraît encore plus rapide en France que dans les autres pays. »

Voilà qui est clair. A mesure que le bien-être augmente, que les plaisirs du cabaret et de la prostitution sont plus faciles, le nombre

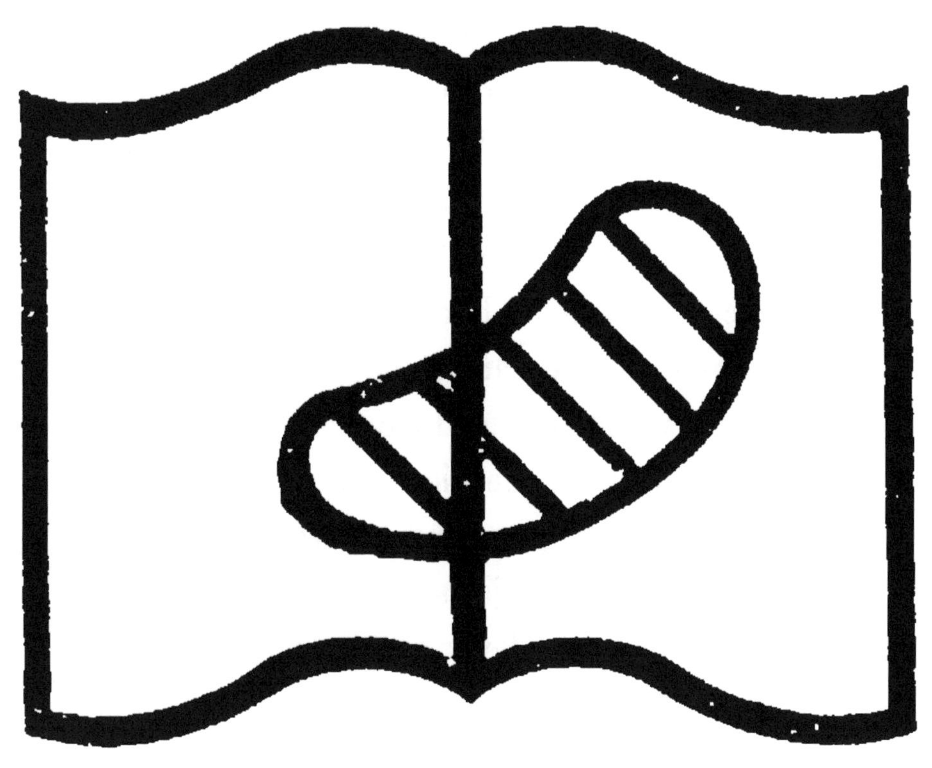

des divorces croît. Il a pour géniteur direct tout ce qui est grossièreté, bassesse, égoïsme farouche, dégradation de la dignité humaine, dans les bourgs pourris de la civilisation. Ce n'est pas une évolution philosophique, un accroissement des libertés de l'individu, c'est, dans la vie de l'âme, une maladie honteuse.

J'ai voulu en avoir le cœur net. Et puisque, aussi bien, en dernier ressort, il s'agissait d'une maladie physique, encore plus que d'un malaise moral, je suis allé prendre, sur cette matière, l'avis non de docteurs théologiques, de professeurs de morale en cathédrale, en synagogue ou en █████, mais de médecins illustres, campés ██████rs études à ces confins merveilleux de la recher██████ la science des corps devient la science des âmes. J'imagine que l'indication de mes répondants suffira à rassurer les plus exigeants.

J'ai soumis mon inquiétude à MM. les professeurs Magnan, Raymond et Dégerine. Je les ai trouvés au milieu de leurs aliénés de Sainte-Anne et de la Salpêtrière, penchés sur l'humanité souffrante, aussi préoccupés de lui apporter le soulagement que de découvrir, dans le jeu des cerveaux déséquilibrés, le secret du fonctionnement normal de la pensée et de la vie.

A tous les trois, j'ai posé la même question :

— Peut-on considérer l'impossibilité de se tolérer mutuellement, qui s'accuse de plus en plus chez les époux de bourgeoisie aisée à la fin de ce xixe siècle, comme un phénomène morbide? Peut-on dire, sans abuser des mots, que la progression du divorce chez tous les peuples civilisés — et particulièrement en France — est une manifestation de cet état fâcheux de la santé publique qui s'appelle la *faiblesse irritable?*

Tous les trois, ces savants m'ont répondu dans des termes à peu près identiques :

— Il est certain que dans cette irritabilité

des caractères d'une classe de gens qui, de père en fils, abusent des plaisirs urbains, nous touchons une conséquence du ravage de ces deux fléaux qui nous débordent : l'alcoolisme et celui qu'on ne nomme pas devant les honnêtes femmes. D'autre part, un penchant que nous constatons tous les jours porte ces déséquilibrés à rechercher dans l'amour (mariage ou union libre), des êtres déséquilibrés, névropathes comme eux-mêmes. Ils s'attirent par certains reliefs, par des originalités psychologiques qui les charment jusqu'au jour où elles les offensent. Alors il n'y a plus de rapprochement possible sans blessure entre ces deux êtres qui avaient cru s'aimer. Ils disent qu'ils sont des victimes de « l'incompatibilité d'humeur ». Ils ne se trompent point. Ce sont des malades qu'il faut isoler l'un de l'autre, pour empêcher qu'ils ne deviennent décidément des maniaques ou des persécutés.

J'invite ceux de mes lecteurs à qui ce mot

de *faiblesse irritable* ferait hausser les épaules, et qui seraient tentés de dire : « Nous savons bien que les aliénistes croient que tout le monde est fou ou candidat à la folie » ; je prie, dis-je, ces sceptiques de méditer un chapitre bien curieux de l'étude démographique de M. Bertillon. Il a pour titre : *D'une relation imprévue entre la fréquence des divorces et la fréquence des suicides*[1].

— J'ai été tout d'abord fort surpris, dit en substance M. J. Bertillon, de constater les exactes coïncidences de la carte des suicides et de la carte des divorces. J'hésitais à rattacher l'un à l'autre deux phénomènes qui me semblaient n'avoir entre eux aucun rapport. Mais comment méconnaitre un fait qui s'impose? C'est parmi les professions urbaines, et notamment parmi les professions libérales, que le suicide et le divorce sont surtout fréquents. L'un et l'autre sont

1. Étude démographique du divorce, chap. XIII.

extrêmement rares chez les paysans. La religion a sur le suicide la même influence que sur le divorce. Et cette influence est considérable. Les catholiques divorcent et se suicident bien moins que les protestants. L'origine ethnique exerce sur la fréquence des suicides et des divorces une influence parallèle. Les Allemands, surtout les Saxons et les Suisses-Allemands, y sont extrêmement portés. Les Flamands y ont peu de tendance ; les Slaves moins encore. Enfin les pays latins (Italie, Midi de la France, Espagne) et les pays celtiques atteignent le minimum. Et on ne doit pas dire que nous sommes ici en face d'observations si générales qu'on peut les accuser d'imprécision : les observations particulières, les exceptions vérifient cette règle, qui prend presque le caractère d'une loi. C'est ainsi que dans le groupe des quatre peuples scandinaves, le Danemark présente une exception : elle est la même pour le divorce que pour le suicide. En Suisse, selon que l'on étudie les statistiques d'un canton allemand et protestant ou d'un canton catholique, les chiffres du divorce ou du suicide présentent des inégalités prodigieuses, toujours parallèles.

Je ne vois point, à l'appui de cette opinion : « Le divorce est une maladie, un excès de déséquilibrés », un meilleur argument que cette loi découverte par la belle probité scientifique de M. Bertillon. Elle précise ce que nous pressentions : le climat qui fait l'homme hypocondre, qui le pousse aux excès de boisson, la culture religieuse qui développe à côté de l'initiative — floraison des natures supérieures, — l'affreux égoïsme et la monstruosité de l'orgueil chez le troupeau des médiocres, devaient aboutir à ces grandes désespérances qui portent à briser, dans l'accès d'un état maladif, tantôt la vie d'amour, tantôt la vie même.

Je n'invente point le remède que je pré-

conise et qui semble le seul médicament
efficace pour soulager des gens dont la sensibilité et la responsabilité sont atteintes,
des sujets qui oscillent entre l'hyperesthésie
et l'anesthésie, entre l'excitation et le décou-
ragement. J'ai eu la surprise de constater que
les savants dont je venais consulter l'expérience, étaient beaucoup plus sceptiques que
moi sur les bons effets de l'hydrothérapie
et autres remèdes extérieurs qu'il est d'usage
d'appliquer aux névropathes. Tous, ils croient
à la médication supérieure de l'*action morale*
pour guérir celui qui peut être guéri, pour
soulager celui qui n'est pas dans un état
désespéré. Eux, les hommes d'expérience, ils
m'ont dit, avec une autorité qui manque à
l'homme de dogme :

— L'effondrement de la culture morale
par en haut, des idées religieuses dans le
peuple est une des grandes causes de l'aggra-
vation des maux que nous voudrions guérir.
Aux débauches de l'alcoolisme et aux autres

elles opposaient une barrière qui n'existe
plus. Vous n'affirmerez rien qui soit contraire à l'observation scientifique quand
vous direz que la faiblesse irritable, l'incompatibilité d'humeur et le divorce, qui est
leur conséquence, sont des corollaires ou
des effets d'un abaissement parallèle de la
santé et de la morale publiques.

XVIII

LE CONSENTEMENT MUTUEL

C'est sur le seuil même de la maison de
fous que je veux m'arrêter pour écrire, sous
la dictée du médecin, la conclusion de ces
pages.

Au point de nervosité et de faiblesse irritable où sont arrivés nos contemporains, le
divorce leur est devenu indispensable. Il
préserve de l'excitation dangereuse toute
une catégorie de déséquilibrés en qui, par
une sage prévoyance de la nature, la fécon-
dité s'épuise. Laissons s'éteindre ces dégé-

nérés a/ec autant de paix que l'état de leurs
nerfs leur permet d'en acquérir. Eux et leur
progéniture sont des condamnés à mort :
ils ne perpétueront pas longtemps leurs
vices, leurs impuissances et leurs tares.
Donnons-leur, au cours de leur agonie,
toutes les facilités dont ils ont besoin, pas-
sons-leur tous les caprices.

Le premier soin de l'aliéniste, quand on
lui amène un sujet dont le cerveau s'ébranle,
c'est d'isoler complètement le malade du
milieu où il a vécu. Tel qui, dans sa maison, entre sa femme et ses parents, menaçait
de devenir un persécuté ou un furieux,
reprend possession de soi-même quand on
l'arrache à l'influence pernicieuse ou éner-
vante de son entourage.

De même peut-on espérer que tel homme,
telle femme qui, dans l'énervement de discussions quotidiennes, étaient en train de
devenir déraisonnables ou méchants, retrou-
veront quelque équilibre de bon sens dans

l'isolement de la liberté, sinon dans les passions d'un second mariage.

Mais au moment où nous faisons cette concession à l'irritabilité de nos contemporains, je vous prie de remarquer qu'elle n'est arrachée qu'à une pitié mêlée de mépris. Il est impossible, en effet, sans que tout s'effondre, de permettre à l'homme et à la femme normaux d'user du mariage, tempéré par le divorce, comme d'une série de concubinages légaux où l'on fait l'essai de la bonne harmonie morale et physique. Toutes les vertus qui sont liées à la pureté de la femme, le prix de la virginité, les magnifiques conséquences de la fidélité exacte, sombrent dans de telles expériences. L'homme y perd le renom d'honneur qui s'attache à une parole donnée avec réflexion, gardée avec probité.

L'excuse tirée de l'erreur sur la personne morale avec laquelle on s'unit n'a point de valeur. Et aussi bien semble-t-il que le jour où la cupidité d'argent chez l'homme, le goût de s'affranchir chez la jeune fille, la volonté chez les deux de s'associer, sans instinct du devoir, pour une vie facile ne seront plus les causes déterminantes de tant de mariages bourgeois, le divorce rouillera dans un coin comme un outil démodé.

Ainsi une étude sincère du divorce aboutit une fois de plus à cette conclusion qui condamne nos mœurs sociales et morales : Jamais on n'a mis dans le mariage moins d'amour, moins de raison, moins de tolérance, moins d'esprit chrétien de sacrifice. Jamais on n'y a accouplé tant d'appétits de jouissance, tant d'ignorances morales, et, sous couleur de culture de l'individu, tant de perversités égoïstes.

L'aliéniste a raison de dire que l'on ne peut laisser ces agités enfermés dans le mariage, par couples, comme dans une geôle. Mais puisqu'il est entendu que dans ces occasions on accorde le divorce à titre de traitement médical et non comme un droit moral, il faut avoir la probité de ne point reculer devant les mots. Le législateur ne peut tarder plus longtemps à inscrire dans la loi du divorce ce motif de l'incompatibilité d'humeur qu'on a eu honte de nommer, mais qui, par de vilains artifices, est quotidiennement dissimulé dans toutes les sentences des magistrats.

Je comprends le scrupule du législateur. Au moment où il portait la main sur une institution divine, il s'est arrêté avec un respect involontaire devant cette admirable formule d'engagement sans reprise que les rites religieux du mariage lisent aux époux chrétiens :

« Vous vous mariez pour la joie et l'adversité, pour la santé et pour la maladie. »

On a craint que le divorce et la séparation ne devinssent aussi fréquents que les querelles conjugales, si l'on permettait à l' « incompatibilité » de se présenter devant le juge avec une figure de demanderesse[1]. On s'est dit qu'elle servirait de masque à des défauts de caractère ; — qu'elle dissimulerait des maladies survenues au cours d'un mariage jusque-là paisible ; — que le divorce deviendrait un remède dont auraient tendance à user les malades du foie ou de l'estomac, mal guéris par les eaux.

[1]. « L'Amérique est renommée pour la facilité et la promptitude avec lesquelles s'y défont les mariages. Les procédures de divorce n'y sont jamais très longues : il est d'usage courant qu'elles se terminent en quelques jours ; on en connaît un certain nombre qui n'ont pas duré plus de deux heures. Mais le record de la célérité en matière de divorce appartient certainement à l'État de Nébraska où une femme vient de faire assigner, enquêter et juger son mari, en onze minutes, pas une seconde de plus. La justice américaine est peut-être aveugle, comme tant d'autres : après un pareil exemple, on ne peut pas lui reprocher d'aller d'un pied boiteux. Il faut, d'ailleurs, qu'il en soit ainsi ; car les Américains ne divorcent point par dégoût du mariage : ils ne se séparent, au contraire, que pour se remarier, et pour se remarier même le plus souvent possible. Dans l'État d'Indiana, une certaine Aunt Polly Owens, mariée pour la première fois à l'âge de quinze ans, en est aujourd'hui à son quinzième époux (ces multiples unions ne lui ont donné que six filles ; mais chacune porte le nom d'un père différent). Aunt Polly Owens est, en ce genre, le sujet le plus remarquable de l'État d'Indiana, et son exemple mérite d'être médité. Il est tout à l'honneur, en effet, des divers

Ces inquiétudes ont empêché les partisans du divorce d'y voir clair : l'incompatibilité n'est pas un défaut de caractère, un accident que l'on peut réformer ; elle est le caractère même des malades qui forment la clientèle prédestinée du divorce ; elle est l'habitude quotidienne de la vie, cette humeur que le Bonhomme appelait « le naturel », et qu'on ne peut chasser sans

intéressés ; il prouve, d'une part, la persévérance de la femme qui, sans se décourager, poursuit à travers tant de vicissitudes la conquête du bonheur, et démontre, d'ailleurs, les qualités relatives des quatorze premiers maris qui, sans répondre tout à fait à l'idéal de leur commune épouse, lui ont laissé cependant toute la fraîcheur de ses illusions. Après madame Owens, mais bien loin derrière elle, on cite, dans ce même État d'Indiana, Edward Dorsey, marié six fois, père de quarante-neuf fils ; John Gribby qui, à l'âge de soixante-sept ans, a épousé en sixièmes noces Dijela Clark, d'Anderson, laquelle, à cinquante-sept ans, en était à son cinquième mariage. On en cite encore beaucoup d'autres ; mais c'en est assez pour montrer que les progrès du divorce en Amérique ne correspondent nullement à un *krach* du mariage. Celui-ci, au contraire, n'a jamais été plus en faveur aux pays d'outre-mer, et c'est même pour cela que les juges américains opèrent si promptement. Ils ne peuvent pas faire durer six mois, comme en France, une procédure de divorce : cela ferait tort aux justiciables d'un mariage ou deux ».

(Détails, 29 août.)

qu'elle revienne au galop : monsieur a chaud quand madame a froid ; monsieur aime la campagne, et madame la ville ; monsieur veut ouvrir son salon, et madame désire fermer sa porte... Ainsi de suite. L'incompatibilité existe à l'état latent dans tous les mariages où l'un des époux, au moins, ne pratique pas vis-à-vis de l'autre les sacrifices aveugles de l'amour, ou, plus simplement, les renoncements chrétiens.

L'incompatibilité d'humeur, que le législateur n'a pas osé regarder en face, est le motif caché et presque unique des divorces. Tout lui est masqué. Qu'est-ce, en effet, dans la plupart des cas qu'une injure grave? Une conséquence de l'incompatibilité. Les sévices n'ont pas de sens si l'on s'entend et si l'on s'aime : la femme de Sganarelle n'est pas toute seule à dire qu' « il lui plaît d'être battue ». L'adultère se pardonne. Non pas seulement l'infidélité de l'homme, mais la faiblesse de la femme. Il y a des milliers de preuves de ces indulgences amoureuses. Seule, l'incompatibilité d'humeur est sans remède et sans pardon ; elle est, autant dire, l'unique acteur du divorce. C'est elle qui apparaît successivement costumée en injure grave, en sévices, en excès, en adultère. Sous ces déguisements, elle fait sa cour au magistrat.

Puisque ce travestissement est percé à jour, pourquoi y persister malgré la vérité et la raison ?

Le divorce m'était suspect. Au cours de cette enquête, je suis devenu son ennemi décidé, mais je veux le traiter en adversaire loyal ; je souhaite qu'on lui donne toute la dignité dont il est capable, et je n'aperçois que ce moyen à une si urgente réforme : qu'on permette à l'incompatibilité d'humeur de venir s'expliquer posément à la barre, sans l'obliger à jouer des rôles de courtisane, de martyre ou de furie.

On aperçoit tout d'abord à cette reconnaissance légale de l'incompatibilité d'humeur un avantage qui est, dans l'occasion, considérable : il supprimerait un vilain mensonge. Ce n'est pas tout : à l'arbitraire toujours immoral et déconcertant du juge, il substituerait le jeu régulier de la loi. Enfin, il permettrait d'entourer certains divorces de garanties qui leur manquent, en ressuscitant les honorables précautions que le vieux Code civil avait recommandées en pareil cas.

Moins hypocrite que ses petits-fils, le législateur du Code civil avait inscrit dans la loi le divorce par consentement mutuel. Mais il ne l'accordait aux époux qu'après avoir épuisé tous les moyens de rapprocher leurs cœurs. Il voulait acquérir la certitude que des contrariétés passagères n'étaient pour rien dans leur décision, que leur humeurs incompatibles se blessaient vraiment au contact l'une de l'autre.

Dans cette préoccupation, le Code civil

(chapitre III) limitait le divorce par consentement mutuel à cette période de la vie où l'on peut admettre que les époux sont pleinement conscients de leurs actes. Il ne l'accordait qu'après deux ans de mariage. Il le refusait après vingt ans d'union. Il exigeait que le mari eût au moins vingt-cinq ans ; il ne permettait pas qu'on divorçât d'avec une femme qui avait dépassé sa quarante-cinquième année. D'ailleurs, dans aucun cas, le consentement mutuel des époux ne valait tout seul pour déterminer le divorce. Il fallait qu'il fût autorisé par les pères et mères ou par les autres ascendants vivants.

Munis de cette autorisation du conseil de famille, les époux se présentaient devant le président du Tribunal civil. Ils déclaraient leur volonté. De son côté, le juge faisait aux deux époux réunis, puis à chacun d'eux en particulier, en présence de deux notaires, telles exhortations qu'il jugeait convenables. Ensuite il donnait lecture du chapitre du

Code qui réglait les effets du divorce. Il expliquait toutes les conséquences d'une telle démarche. Après cette entrevue, il y en avait pour une année avant que les deux époux, auxquels on voulait laisser le loisir de la réflexion, pussent requérir du magistrat l'admission au divorce.

Que nous sommes loin de ces garanties paternelles! Elles faisaient toute la moralité du divorce. Elles le rendaient presque respectable. Il faut qu'on nous les rende. L'inscription dans la loi du motif « Incompatibilité d'humeur » sera la pierre de touche où nous pourrons juger la valeur définitive de l'institution du divorce.

Il peut advenir qu'elle le fasse tourner décidément en opérette comme il arrive aux États-Unis où l'on voit des femmes divorcer parce que « leur mari les réveille en parlant tout haut quand il rentre tard », — parce que « la cigarette du mari occasionne des maux de tête à la femme », —parce que « le mari n'offre jamais à sa femme de faire avec lui un petit tour en voiture », — parce que « le mari refuse de couper ses ongles de pieds et qu'il égratigne les jambes de sa femme en dormant » (*My husband would never cut his toe-nails, and I was scratched very severely every night*[1].)

En ce cas ce sera l'institution même du mariage qui sombrera, j'entends le mariage tel que nos contemporains le pratiquent, et nous n'aurons guère de motifs de le regretter.

Deuxième hypothèse :

Nous aurons réussi à régénérer notre race en lui appliquant cette médication morale que les maîtres des sciences psychiques réclament pour elle. Alors le divorce, tel que nous le pratiquons aujourd'hui, croulera sous le ridicule.

Je ne prétends pas que sa trace dispa-

----

1. *Report of the commissioner of labor.* Causes pour lesquelles le divorce est accordé, chapitre IV.

raîtra tout à fait de la loi : il y a des occasions où l'Église elle-même prononce la nullité du mariage. La morale et la science ont, elles aussi, le droit de définir les cas exceptionnels où le mariage indissoluble est une contrainte inhumaine, pis encore : un contresens.

Ce que nous réclamons, c'est une loi du divorce qui ne soit plus une prime d'inconstance accordée à l'individu, mais une chance de durée octroyée à la race.

FIN

TABLE

—

PRÉFACE   I

    I. — MÉTHODE   1

   II. — QUELQUES CHIFFRES   6

  III. — LES CAUSES DU DIVORCE 15

  IV. — L'ADULTÈRE 29

   V. — L'ARTICLE 230 42

  VI. — EN PLEINE COMÉDIE 53

 VII. — QUE DEVIENT LE MARI? 67

VIII. — QUE DEVIENT LA FEMME? 81

  IX. — LE PARDON 93

   X. — LES RECHUTES 109

  XI. — LE REMARIAGE 123

 XII. — LA BIBLE ET LE DIVORCE 136

XIII. — L'ÉVANGILE ET LE DIVORCE 150

XIV. — LE DIVORCE DANS LE PEUPLE 164

 XV. — LES ENFANTS 178

XVI. — LA SÉPARATION DE CORPS 190

XVII. — FAIBLESSE IRRITABLE 204

XVIII. — LE CONSENTEMENT MUTUEL 216

IMPRIMERIE CHAIX, RUE BERGÈRE, 20, PARIS. — 20334-9-99. (Encre Lorilleux)

Documents manquants (pages, cahiers...)
NF Z 43-120-13